Come Vincere al Lotto

Tecniche e Sistemi per Aumentare le Probabilità di Vincita

Indice

Alla fine di questo libro troverai un regalo esclusivo!

Come Vincere al Lotto

Tecniche e Sistemi per Aumentare le Probabilità di Vincita

I. Introduzione al Lotto Italiano

1.1. Origini e regole del Lotto Italiano

Nel vasto panorama dei giochi d'azzardo, il Lotto Italiano si erge come uno dei più antichi e affascinanti. Le sue radici affondano nel lontano XVI secolo, quando fu introdotto per la prima volta in Italia durante il Rinascimento. Inizialmente concepito come un gioco di estrazione basato sulla sorte, il Lotto ha attraversato i secoli mantenendo intatto il suo fascino e la sua popolarità tra gli italiani. Oggi, le estrazioni settimanali attirano migliaia di giocatori desiderosi di tentare la fortuna e sperare di vincere un premio che potrebbe cambiare loro la vita.

Le regole del Lotto Italiano sono semplici e universali: i giocatori selezionano una serie di numeri da una griglia predeterminata, e durante le estrazioni vengono estratti alcuni numeri casuali. La combinazione vincente è determinata dalla corrispondenza dei numeri giocati con quelli estratti. Tuttavia, dietro questa semplicità si nasconde un intricato mondo di strategie e tecniche che possono influenzare le probabilità di vincita. Comprendere a fondo le regole del gioco è il primo passo verso la creazione di una strategia vincente che si basi su fondamenta solide e su un'analisi accurata dei dati storici e delle tendenze.

L'obiettivo di questo manuale è guidare il lettore attraverso un viaggio nel mondo del Lotto, fornendo non solo una panoramica esauriente sulle origini e le regole del gioco, ma anche preziose strategie e sistemi matematici che possono aumentare significativamente le probabilità di vincita. Attraverso esempi pratici e tecniche collaudate, scopriremo insieme come affrontare il Lotto con un approccio scientifico e razionale, riducendo al minimo l'impatto della pur sempre presente componente di fortuna. Siate pronti a immergervi in un mondo di numeri, statistiche e possibilità, dove la saggezza e l'ingegno possono fare la differenza tra una scommessa fortunata e una vincita garantita.

1.2. Significato delle estrazioni e dei numeri

Le estrazioni del Lotto Italiano non sono semplici eventi casuali, ma piuttosto complessi fenomeni che riflettono una serie di variabili e tendenze. Ogni estrazione rappresenta un'opportunità unica per i giocatori di tentare la sorte e sperare di ottenere una combinazione vincente. I numeri estratti, a prima vista casuali e imprevedibili, sono in realtà il risultato di un intricato equilibrio tra fattori matematici, statistiche e probabilistiche.

Per comprendere appieno il significato delle estrazioni, è fondamentale analizzare il concetto di casualità nel contesto del gioco del Lotto. Sebbene ogni numero abbia la stessa probabilità di essere estratto in ogni singola estrazione, nel lungo periodo emergono delle tendenze e delle ricorrenze che possono essere sfruttate strategicamente. Ad esempio, alcuni numeri potrebbero essere estratti più frequentemente di altri, creando così delle "serie calde", mentre altri potrebbero essere estratti meno frequentemente, formando delle "serie fredde". Comprendere queste dinamiche è essenziale per pianificare una strategia di gioco efficace e mirata.

Oltre al significato delle estrazioni stesse, è importante considerare il ruolo dei numeri nel contesto del Lotto. Ogni numero giocato rappresenta una potenziale combinazione vincente e, quindi, una possibilità di successo. Tuttavia, la scelta dei numeri non dovrebbe essere casuale o basata solo sulla superstizione, ma piuttosto guidata da un'analisi razionale e scientifica dei dati storici e delle tendenze. Identificare i numeri più promettenti, sia quelli caldi che quelli freddi, è essenziale per massimizzare le probabilità di vincita e ottimizzare le strategie di gioco.

1.3. Statistiche di base: comprensione delle probabilità

Per avvicinarsi al Lotto con successo, è fondamentale acquisire una solida comprensione delle probabilità di vincita associate al gioco. Le probabilità sono il cuore pulsante del Lotto, poiché determinano le nostre possibilità di ottenere una combinazione vincente e di conseguenza il nostro successo nel gioco. Comprendere le statistiche di base è il primo passo verso una strategia di gioco informata e efficace.

Le probabilità nel Lotto sono espressa in forma di frazioni, decimali o percentuali e indicano la frequenza con cui ci si aspetta che un certo evento si verifichi. Ad esempio, la probabilità di indovinare correttamente un singolo numero su una schedina standard da 1 a 90 è di 1 su 90, che può essere espressa anche come 0,011 (o circa il 1,1%) in forma decimale. Capire queste probabilità di base è essenziale per valutare in modo realistico le nostre possibilità di vincita e per pianificare una strategia di gioco che tenga conto di tali fattori.

Un concetto chiave da comprendere è la differenza tra probabilità assoluta e probabilità condizionale nel contesto del Lotto. La probabilità assoluta si riferisce alla probabilità di un evento indipendentemente da ciò che è successo in precedenza, mentre la probabilità condizionale tiene conto di eventi precedenti o di determinate condizioni. Ad esempio, la probabilità di indovinare correttamente il prossimo numero estratto dipende da quali numeri sono stati già estratti in precedenza e quali rimangono nella griglia.

1.4. Mitigare la fortuna: l'importanza della strategia

Nel gioco del Lotto, la fortuna gioca sicuramente un ruolo significativo, ma affidarsi esclusivamente alla casualità potrebbe non essere sufficiente per ottenere risultati consistenti nel lungo termine. È qui che entra in gioco l'importanza della strategia: un insieme di azioni mirate e pensate attentamente per massimizzare le probabilità di successo e mitigare l'impatto della pur sempre presente componente di fortuna.

La strategia nel Lotto può assumere molteplici forme, dall'approccio alla selezione dei numeri all'analisi delle tendenze storiche, dalla gestione del budget alla scelta dei sistemi di gioco. L'obiettivo principale di qualsiasi strategia è quello di creare un vantaggio matematico che possa aumentare le probabilità di vincita nel lungo termine. Piuttosto che affidarsi al puro caso, i giocatori che adottano una strategia ben studiata sono in grado di prendere decisioni più informate e razionali, riducendo al minimo il rischio e massimizzando il potenziale di profitto.

Una delle strategie più fondamentali nel Lotto è quella relativa alla selezione dei numeri. Mentre alcuni giocatori preferiscono scegliere i propri numeri in modo casuale o basandosi su sentimenti personali, altri optano per un approccio più razionale e analitico. Questo potrebbe includere l'analisi delle frequenze di estrazione passate, l'identificazione dei numeri "caldi" e "freddi", o l'utilizzo di sistemi matematici per generare combinazioni ottimizzate. Indipendentemente dall'approccio scelto, l'importante è avere una strategia chiara e coerente che guidi le decisioni di gioco in modo coerente e razionale.

Nel corso di questo manuale, esploreremo una vasta gamma di strategie pratiche e matematiche che possono essere applicate con successo nel gioco del Lotto italiano. Dalla selezione dei numeri alla gestione del budget, passando per l'analisi statistica e l'utilizzo di sistemi avanzati, impareremo a sviluppare strategie personalizzate che si adattino alle nostre esigenze e obiettivi di gioco. Ricordate, la fortuna può giocare a nostro favore, ma è la strategia che ci porterà al successo duraturo nel mondo del Lotto.

1.5. Introduzione ai sistemi matematici applicati al Lotto

L'introduzione ai sistemi matematici nel contesto del Lotto rappresenta un punto di svolta per molti giocatori che desiderano adottare un approccio più scientifico e razionale al gioco. I sistemi matematici offrono un modo strutturato per selezionare i numeri e organizzare le scommesse in modo da massimizzare le probabilità di vincita, riducendo al minimo l'effetto della pura casualità.

Uno dei sistemi matematici più diffusi e semplici è quello delle progressioni aritmetiche. Questo sistema prevede la scelta di una serie di numeri seguendo una sequenza aritmetica, ad esempio aumentando o diminuendo di una certa quantità ogni volta. L'obiettivo è creare una distribuzione uniforme dei numeri che copra un'ampia gamma di possibili risultati, aumentando così le probabilità di indovinare correttamente almeno una combinazione vincente.

Un altro sistema matematico popolare è quello delle combinazioni e delle permutazioni. Questo approccio coinvolge la creazione di gruppi di numeri che vengono combinati in modi diversi per generare una serie di possibili combinazioni. Utilizzando algoritmi matematici, è possibile generare un numero elevato di combinazioni in modo efficiente, consentendo ai giocatori di coprire un ampio spettro di numeri e aumentare le probabilità di vincita.

Oltre ai sistemi di base, esistono anche approcci più avanzati che coinvolgono l'uso di matrici, quadrati magici e algoritmi computazionali complessi. Questi sistemi sono progettati per ottimizzare ulteriormente le combinazioni di numeri in modo da massimizzare le probabilità di successo. Anche se possono richiedere una certa competenza matematica e tecnica, i giocatori che riescono a padroneggiarli possono ottenere risultati notevoli nel gioco del Lotto.

1.6. Fondamenti della selezione dei numeri: numeri caldi e freddi

Uno dei concetti chiave nella selezione dei numeri per il Lotto è quello dei "numeri caldi" e dei "numeri freddi". Questi termini si riferiscono alla frequenza con cui un determinato numero è stato estratto nelle precedenti estrazioni. I numeri caldi sono quelli che sono stati estratti più frequentemente, mentre i numeri freddi sono quelli che sono stati estratti meno frequentemente o addirittura mai.

L'analisi dei numeri caldi e freddi può essere un utile strumento per i giocatori che cercano di determinare quali numeri includere nella loro schedina. I numeri caldi potrebbero essere considerati più "fortunati" o "popolari", poiché sono stati estratti più volte in passato. D'altro canto, i numeri freddi potrebbero essere visti come meno probabili di essere estratti nelle estrazioni future, ma potrebbero offrire un potenziale di vincita più elevato se dovessero essere selezionati.

Tuttavia, è importante notare che l'analisi dei numeri caldi e freddi da sola potrebbe non essere sufficiente per garantire il successo nel gioco del Lotto. Mentre potrebbe essere tentatore concentrarsi esclusivamente sui numeri caldi nella speranza di replicare il loro successo passato, è essenziale adottare un approccio più bilanciato e razionale alla selezione dei numeri.

Un approccio consigliato è quello di combinare numeri caldi e freddi nella propria schedina, cercando un equilibrio tra numeri che hanno dimostrato di essere "fortunati" in passato e numeri che potrebbero offrire un potenziale di vincita più elevato se estratti. In questo modo, si può massimizzare il potenziale di vincita mentre si tiene conto delle tendenze storiche delle estrazioni.

1.7. Approccio alla gestione del budget per giocare in modo responsabile

Un aspetto fondamentale del gioco del Lotto, spesso trascurato ma di vitale importanza, è la gestione oculata del proprio budget. Il Lotto, come ogni forma di gioco d'azzardo, comporta un rischio finanziario e, senza una gestione prudente delle proprie finanze, si rischia di incorrere in perdite significative e potenzialmente dannose per il proprio benessere finanziario.

Il primo passo verso una gestione responsabile del budget è stabilire un limite di spesa mensile o settimanale e attenersi rigorosamente ad esso. È importante allocare solo una parte del proprio reddito disponibile al gioco del Lotto, mantenendo il resto per le spese quotidiane, i risparmi e gli investimenti più stabili. Questo aiuterà a evitare di cadere nella trappola del gioco compulsivo e garantirà che il gioco rimanga un'attività piacevole e divertente anziché una fonte di stress finanziario.

Inoltre, è consigliabile suddividere il budget in sessioni di gioco più piccole e stabilire un limite di spesa per ciascuna sessione. Ad esempio, anziché giocare una grande somma in una sola volta, si potrebbe pianificare di giocare una determinata quantità di denaro in diverse occasioni durante la settimana. Questo aiuta a mantenere il controllo sulle spese e a evitare di andare oltre il proprio budget.

Una pratica comune nella gestione del budget è anche quella di tenere traccia delle spese e dei risultati delle scommesse. Mantenere un registro dettagliato delle entrate e delle uscite permette di valutare con precisione quanto si sta spendendo per il gioco del Lotto e quanto si sta effettivamente guadagnando o perdendo. Questo può aiutare a identificare eventuali tendenze negative e a prendere provvedimenti correttivi tempestivi prima che diventino un problema serio.

1.8. Esplorare l'effetto delle combinazioni numeriche

Esplorare l'effetto delle combinazioni numeriche nel gioco del Lotto è essenziale per comprendere come organizzare le proprie scommesse in modo efficiente e mirato. Le combinazioni numeriche si riferiscono alle varie modalità in cui è possibile selezionare e combinare i numeri sulla schedina di gioco. La scelta delle combinazioni giuste può avere un impatto significativo sulle probabilità di vincita e sulle dimensioni dei premi ottenuti.

Una delle strategie più comuni è quella di utilizzare combinazioni equilibrate di numeri, che includono sia numeri bassi che numeri alti, sia numeri pari che numeri dispari. Questo approccio mira a coprire una vasta gamma di possibilità e a ridurre al minimo l'effetto della casualità. Ad esempio, invece di selezionare solo numeri bassi o solo numeri alti, si potrebbe optare per una combinazione di entrambi, come 1, 5, 15, 25, 35, 45.

Un'altra strategia popolare è quella di utilizzare combinazioni basate su modelli geometrici o matematici, come quadrati magici o sequenze Fibonacci. Questi modelli offrono un modo strutturato e organizzato per selezionare i numeri, basato su principi matematici solidi. Anche se potrebbero sembrare complessi o esoterici, molti giocatori trovano che questi modelli offrano una guida preziosa nella selezione dei numeri e nella pianificazione delle scommesse.

Un altro approccio è quello di utilizzare combinazioni basate su date significative o numeri fortunati personali. Mentre potrebbe sembrare superficiale affidarsi a numeri come la data di compleanno o l'anniversario di matrimonio, per alcuni giocatori questi numeri hanno un significato emotivo o simbolico che li rende particolarmente attraenti. Anche se potrebbero non essere basati su principi matematici, le combinazioni basate su date significative possono ancora essere valide se utilizzate in modo equilibrato e combinato con altre strategie.

1.9. Tecniche di studio dei modelli di estrazione

Le tecniche di studio dei modelli di estrazione costituiscono un elemento cruciale nell'arsenale di ogni giocatore serio di Lotto. Queste tecniche si basano sull'analisi approfondita dei dati storici delle estrazioni passate al fine di identificare tendenze, schemi e ricorrenze che possono essere utilizzati per guidare le scommesse future.

Una delle tecniche più utilizzate è l'analisi delle frequenze di estrazione. Questo metodo prevede il conteggio del numero di volte che ciascun numero è stato estratto in passato e la creazione di grafici e tabelle per visualizzare queste informazioni in modo chiaro e intuitivo. Analizzando le frequenze, i giocatori possono identificare i numeri che sono stati estratti più frequentemente, nonché quelli che sono stati estratti meno frequentemente, e utilizzare queste informazioni per informare le loro decisioni di gioco.

Un'altra tecnica comune è l'analisi delle sequenze e delle serie di estrazioni. Questo metodo coinvolge l'esame delle sequenze di numeri estratti in passato per identificare schemi o cicli che potrebbero ripetersi nel futuro. Ad esempio, potrebbe emergere che determinati numeri tendono ad essere estratti insieme o che esistono periodi in cui alcuni numeri sono più propensi a essere estratti rispetto ad altri. Utilizzando queste informazioni, i giocatori possono sviluppare strategie di gioco mirate che sfruttano al meglio queste tendenze.

Oltre all'analisi delle frequenze e delle sequenze, ci sono altre tecniche avanzate che possono essere utilizzate per studiare i modelli di estrazione nel Lotto. Questi includono l'analisi statistica, l'utilizzo di algoritmi matematici complessi e l'uso di software specializzato progettato per identificare e analizzare i modelli di estrazione. Anche se queste tecniche richiedono un certo grado di competenza tecnica e matematica, possono fornire risultati estremamente utili per i giocatori che sono disposti a investire tempo ed energia nel loro apprendimento e utilizzo.

1.10. Esempi pratici di come applicare strategie vincenti

Per comprendere appieno l'efficacia delle strategie nel gioco del Lotto, è utile esaminare alcuni esempi pratici di come queste strategie possano essere applicate con successo nelle scommesse. Prendiamo ad esempio l'approccio delle progressioni aritmetiche. Supponiamo di voler selezionare una serie di numeri utilizzando questa strategia. Iniziamo scegliendo un numero di partenza, ad esempio 5, e stabilendo un intervallo aritmetico, ad esempio 10. Utilizzando questa progressione, i numeri successivi nella nostra serie saranno 15, 25, 35 e così via. Questo ci fornisce una serie di numeri equamente distribuiti che coprono un'ampia gamma di possibilità.

Un altro esempio pratico potrebbe riguardare l'analisi delle tendenze storiche. Supponiamo di analizzare i dati delle estrazioni passate e di scoprire che alcuni numeri sono stati estratti più frequentemente di altri in un determinato periodo di tempo. Possiamo quindi decidere di includere questi numeri "caldi" nella nostra schedina, insieme a una selezione di numeri "freddi" che sono stati estratti meno frequentemente. Questo approccio ci permette di bilanciare la nostra selezione e massimizzare le nostre probabilità di successo.

Un ulteriore esempio potrebbe coinvolgere l'utilizzo di combinazioni matematiche. Supponiamo di voler creare una serie di combinazioni di numeri utilizzando un modello geometrico come un quadrato magico. Possiamo applicare questo modello per generare una serie di combinazioni che coprono tutte le possibili combinazioni di numeri nella nostra schedina. Questo ci fornisce un approccio strutturato e organizzato alla selezione dei numeri che può aumentare le nostre probabilità di vincita.

In ogni caso, è importante ricordare che non esiste una strategia universale garantita per vincere al Lotto. Le strategie descritte qui sono solo alcune delle molte tecniche che i giocatori possono utilizzare per migliorare le loro probabilità di successo. È essenziale sperimentare e adattare queste strategie in base alle proprie preferenze di gioco e alle specifiche circostanze. Con un approccio razionale e ben ponderato, è possibile aumentare le probabilità di vincita e godere di una più gratificante esperienza di gioco nel Lotto.

II. Analisi Statistica dei Numeri

2.1. Utilizzo di dati storici per identificare tendenze

Nel secondo capitolo, approfondiremo il potente strumento dell'utilizzo dei dati storici per identificare tendenze nel gioco del Lotto italiano. L'analisi dei dati storici è una delle strategie più efficaci a disposizione dei giocatori per comprendere i modelli di estrazione e aumentare le probabilità di vincita. Attraverso un'attenta esplorazione dei risultati passati delle estrazioni, è possibile individuare schemi e ricorrenze che possono essere utilizzati per informare le scommesse future.

Una delle prime cose da fare nell'utilizzare i dati storici è raccogliere una vasta quantità di informazioni sulle estrazioni precedenti. Questo può includere il numero di estrazioni, i numeri estratti in ciascuna estrazione e qualsiasi altra informazione rilevante, come i premi vinti e le combinazioni vincenti. Una volta raccolti i dati, è possibile analizzarli per individuare tendenze e schemi che possono essere utilizzati per informare le scommesse future.

Ad esempio, potremmo notare che alcuni numeri sono stati estratti più frequentemente di altri in un determinato periodo di tempo. Questi numeri "caldi" potrebbero essere inclusi nelle nostre scommesse in modo da massimizzare le nostre probabilità di successo. Allo stesso tempo, potremmo evitare di selezionare numeri "freddi" che sono stati estratti meno frequentemente, poiché potrebbero avere probabilità più basse di essere estratti nuovamente.

Un'altra tendenza che potremmo notare è la presenza di cicli o sequenze di estrazione. Ad esempio, potremmo osservare che alcuni numeri tendono ad essere estratti insieme più spesso di altri. Utilizzando queste informazioni, possiamo pianificare le nostre scommesse in modo da includere combinazioni di numeri che hanno dimostrato di avere una maggiore probabilità di essere estratti insieme.

2.2. Grafici e diagrammi: visualizzare le frequenze di estrazione

Una delle modalità più efficaci per visualizzare le frequenze di estrazione e individuare tendenze nel gioco del Lotto è l'utilizzo di grafici e diagrammi. Questi strumenti visivi consentono di rappresentare i dati storici in modo chiaro e intuitivo, facilitando l'identificazione di modelli e schemi significativi.

Uno dei tipi più comuni di grafici utilizzati nell'analisi del Lotto è l'istogramma delle frequenze. In un istogramma, i numeri sono rappresentati sull'asse x, mentre le frequenze di estrazione sono rappresentate sull'asse y. Questo consente di vedere rapidamente quali numeri sono stati estratti più frequentemente e quali meno, consentendo ai giocatori di prendere decisioni informate sulla selezione dei numeri per le proprie scommesse.

Un altro tipo di grafico che può essere utile è il grafico a torta. Questo tipo di grafico mostra la distribuzione percentuale dei numeri estratti, consentendo di visualizzare facilmente quali numeri costituiscono una parte maggiore o minore delle estrazioni complessive. Questo può essere particolarmente utile per identificare numeri "caldi" e "freddi" e decidere quali includere nelle proprie scommesse.

Oltre ai grafici, l'utilizzo di diagrammi a dispersione può essere utile per individuare correlazioni tra i numeri estratti. In un diagramma a dispersione, ogni punto rappresenta un numero estratto e le sue coordinate sono determinate dalle frequenze di estrazione di quel numero insieme ad un altro. Questo consente di individuare rapidamente se ci sono relazioni o tendenze tra determinati numeri che potrebbero essere sfruttate per migliorare le scommesse.

2.3. Il concetto di ciclo di ritardo dei numeri

Un concetto intrigante nell'analisi dei dati storici del Lotto è quello del ciclo di ritardo dei numeri. Questo concetto si basa sull'idea che i numeri che non sono stati estratti per un lungo periodo di tempo hanno maggiori probabilità di essere estratti nelle estrazioni future, per compensare il loro ritardo statistico. In altre parole, se un numero non è stato estratto per un certo numero di estrazioni, potrebbe essere considerato "in ritardo" e potrebbe essere opportuno includerlo nelle proprie scommesse in previsione di un'imminente estrazione.

Ad esempio, supponiamo che il numero 20 non sia stato estratto per le ultime 10 estrazioni del Lotto. Secondo il concetto di ciclo di ritardo, potremmo ipotizzare che il numero 20 sia "in ritardo" e che sia più probabile che venga estratto nelle prossime estrazioni per compensare il suo lungo periodo di assenza. Di conseguenza, potremmo decidere di includere il numero 20 nelle nostre scommesse per sfruttare questa tendenza.

Tuttavia, è importante notare che il concetto di ciclo di ritardo dei numeri è controverso e non è supportato da evidenze scientifiche solide. Molti esperti ritengono che ogni estrazione sia indipendente dalle precedenti e che il concetto di "ritardo" dei numeri sia una semplice illusione causata dalla casualità delle estrazioni. Pertanto, mentre alcuni giocatori potrebbero trovare utile utilizzare il ciclo di ritardo come parte della propria strategia di gioco, è importante farlo con cautela e consapevolezza dei rischi coinvolti.

2.4. Strategie per l'individuazione di pattern e sequenze

Una delle sfide più affascinanti per i giocatori del Lotto è l'individuazione di pattern e sequenze nei dati storici delle estrazioni. Questo compito richiede un occhio attento per i dettagli e una comprensione approfondita delle caratteristiche delle estrazioni passate. Fortunatamente, ci sono diverse strategie che i giocatori possono utilizzare per individuare pattern e sequenze significative che possono influenzare le loro scommesse future.

Una strategia comune è l'analisi delle sequenze di estrazione. Questo metodo coinvolge l'esame delle sequenze di numeri estratti in passato per identificare schemi o cicli che potrebbero ripetersi nel futuro. Ad esempio, potrebbe emergere che determinati numeri tendono ad essere estratti insieme o che esistono periodi in cui alcuni numeri sono più propensi a essere estratti rispetto ad altri. Utilizzando queste informazioni, i giocatori possono sviluppare strategie di gioco mirate che sfruttano al meglio queste tendenze.

Un'altra strategia è l'analisi dei pattern geometrici o matematici. Questo approccio coinvolge l'identificazione di modelli ricorrenti o simmetrie nei dati delle estrazioni. Ad esempio, potremmo notare che alcuni numeri si presentano in formazioni geometriche specifiche sulla schedina del Lotto, come quadrati o diagonali. Questi pattern possono essere utilizzati per guidare le nostre scommesse, selezionando numeri che si adattano a queste formazioni geometriche.

Inoltre, l'analisi delle frequenze di estrazione può rivelare pattern e tendenze significative. Osservando quali numeri sono stati estratti più frequentemente e quali meno, è possibile identificare pattern che possono influenzare le scommesse future. Ad esempio, potremmo scoprire che alcuni numeri tendono ad essere estratti in sequenza o che alcuni numeri hanno una maggiore probabilità di essere estratti in determinati giorni della settimana o mesi dell'anno.

2.5. Interpretazione delle serie numeriche

Un aspetto cruciale nell'analisi dei dati storici del Lotto è l'interpretazione delle serie numeriche estratte. Le serie numeriche si riferiscono a sequenze ordinate di numeri estratti in una specifica sequenza di estrazioni. Queste serie possono essere di varie lunghezze e possono presentare diversi tipi di pattern e tendenze che possono influenzare le scommesse future.

Una delle prime cose da considerare nell'interpretare le serie numeriche è la presenza di serie lunghe o serie brevi. Le serie lunghe si riferiscono a sequenze continue di numeri estratti consecutivamente, mentre le serie brevi si riferiscono a sequenze di numeri estratti intervallate da altri numeri. Le serie lunghe possono indicare la presenza di pattern o tendenze significative che potrebbero influenzare le scommesse future, mentre le serie brevi potrebbero indicare una casualità maggiore nelle estrazioni.

Oltre alla lunghezza delle serie, è importante considerare anche la distribuzione dei numeri all'interno delle serie. Ad esempio, potremmo osservare che alcuni numeri tendono ad apparire più frequentemente all'inizio o alla fine di una serie, mentre altri numeri tendono a essere più distribuiti uniformemente all'interno della serie. Queste informazioni possono essere utilizzate per sviluppare strategie di scommessa mirate che tengono conto delle tendenze nelle serie numeriche.

Un altro aspetto da considerare è la presenza di serie ripetute o serie uniche. Le serie ripetute si riferiscono a sequenze di numeri che sono già state estratte in passato, mentre le serie uniche si riferiscono a sequenze di numeri che non sono mai state estratte prima. Le serie ripetute potrebbero indicare la presenza di pattern o cicli che si ripetono nel tempo, mentre le serie uniche potrebbero indicare l'emergere di nuovi pattern o tendenze nelle estrazioni future.

2.6. L'effetto dell'aleatorietà e delle distribuzioni di probabilità

Nell'ambito del gioco del Lotto, è essenziale comprendere l'effetto dell'aleatorietà e delle distribuzioni di probabilità. L'aleatorietà si riferisce alla natura casuale delle estrazioni del Lotto, dove ogni numero ha la stessa probabilità di essere estratto in ogni estrazione, indipendentemente dai numeri estratti in precedenza. Questo significa che, nonostante gli sforzi per individuare pattern e tendenze, ogni estrazione è un evento indipendente e non influenzato dalle estrazioni passate.

Le distribuzioni di probabilità, d'altra parte, forniscono una rappresentazione matematica delle probabilità di estrazione di ciascun numero nel Lotto. Le distribuzioni di probabilità possono essere utilizzate per calcolare la probabilità di determinati risultati, come ad esempio la probabilità di vincere con una determinata combinazione di numeri. Comprendere queste distribuzioni può essere utile nel valutare la fattibilità di determinate strategie di scommessa e nel valutare il potenziale rischio e rendimento delle proprie scommesse.

Tuttavia, è importante ricordare che, nonostante le distribuzioni di probabilità forniscono una guida utile, l'aleatorietà delle estrazioni del Lotto significa che non esiste una strategia infallibile per vincere. Anche se possiamo utilizzare l'analisi dei dati storici e le distribuzioni di probabilità per informare le nostre scommesse, alla fine rimane sempre un elemento di fortuna coinvolto nel gioco del Lotto.

2.7. Utilizzo di software e strumenti online per l'analisi statistica

Un'opzione preziosa per gli appassionati del Lotto è l'utilizzo di software e strumenti online per l'analisi statistica dei dati storici delle estrazioni. Questi strumenti offrono una vasta gamma di funzionalità che possono semplificare e migliorare il processo di analisi, consentendo ai giocatori di individuare pattern e tendenze in modo più efficiente ed efficace.

Uno dei principali vantaggi dell'utilizzo di software dedicato è la capacità di elaborare grandi quantità di dati in breve tempo. Molti programmi sono in grado di analizzare migliaia di estrazioni del Lotto in pochi secondi, fornendo risultati dettagliati e accurati sull'andamento storico dei numeri estratti. Questo permette ai giocatori di ottenere informazioni preziose in modo rapido e conveniente.

Inoltre, molti software offrono funzionalità avanzate di visualizzazione dei dati, come grafici interattivi e diagrammi, che consentono di esplorare i dati in modo più intuitivo e comprensibile. Queste funzionalità possono aiutare i giocatori a individuare pattern e tendenze che potrebbero non essere immediatamente evidenti guardando semplicemente i numeri estratti.

Alcuni software offrono anche strumenti di analisi statistica avanzata, come il calcolo delle probabilità, la generazione di previsioni e la valutazione dell'efficacia di diverse strategie di scommessa. Questi strumenti consentono ai giocatori di prendere decisioni più informate e basate sui dati quando si tratta di sviluppare le proprie strategie di gioco.

Tuttavia, è importante notare che, nonostante l'aiuto fornito dai software e dagli strumenti online, l'analisi dei dati storici del Lotto richiede comunque una certa comprensione dei concetti statistici e delle metodologie di analisi. È importante utilizzare questi strumenti in modo responsabile e complementare alla propria conoscenza del gioco.

2.8 Esempi di come interpretare correttamente i dati

Per interpretare correttamente i dati storici del Lotto, è essenziale essere in grado di riconoscere e comprendere i diversi tipi di pattern e tendenze che possono emergere dalle estrazioni passate. Di seguito, fornirò alcuni esempi pratici su come interpretare correttamente i dati e utilizzare queste informazioni per migliorare le proprie strategie di scommessa.

Supponiamo di analizzare i dati delle estrazioni del Lotto degli ultimi sei mesi e di notare che il numero 7 è stato estratto in quattro estrazioni diverse durante questo periodo. Potremmo interpretare questo dato come un possibile "numero caldo", ossia un numero che sembra avere una maggiore probabilità di essere estratto rispetto agli altri numeri. Di conseguenza, potremmo decidere di includere il numero 7 nelle nostre scommesse future, sperando che questa tendenza continui.

Allo stesso modo, potremmo osservare che i numeri 3, 11 e 18 sono stati estratti insieme in tre diverse estrazioni consecutive. Questo potrebbe suggerire l'esistenza di una serie numerica o di un pattern che coinvolge questi numeri specifici. Potremmo interpretare questa serie come un possibile indicatore di tendenza e decidere di includere questi numeri nelle nostre scommesse in previsione di una possibile continuazione della serie.

D'altra parte, potremmo osservare che il numero 13 non è stato estratto per un lungo periodo di tempo, nonostante sia considerato un "numero caldo" in base alle estrazioni precedenti. Questo potrebbe suggerire che il numero 13 è in ritardo e potrebbe essere opportuno includerlo nelle nostre scommesse future, sperando che venga estratto presto per compensare il suo ritardo statistico.

Questi sono solo alcuni esempi di come interpretare correttamente i dati delle estrazioni del Lotto e utilizzare queste informazioni per sviluppare strategie di scommessa più intelligenti. È importante essere flessibili e adattare le proprie strategie in base alle tendenze emergenti nei dati, tenendo sempre presente che ogni estrazione è un evento casuale e che non esiste una strategia infallibile per vincere.

2.9 Approccio alla creazione di sistemi personalizzati

Quando si tratta di creare sistemi personalizzati per migliorare le probabilità di vincita al Lotto, è fondamentale adottare un approccio metodico e ben strutturato. Ecco alcuni passaggi pratici da seguire per sviluppare un sistema personalizzato efficace:

1. **Analisi dei dati:** Inizia analizzando attentamente i dati storici delle estrazioni del Lotto. Esamina le frequenze di estrazione dei numeri, le serie numeriche, le distribuzioni di probabilità e qualsiasi altro pattern o tendenza rilevante. Questa analisi ti aiuterà a identificare quali numeri sono più o meno propensi ad essere estratti e quali strategie potrebbero essere più promettenti.

2. **Identificazione dei numeri caldi e freddi:** Utilizzando i dati analizzati, identifica i numeri che sono stati estratti più frequentemente (numerati caldi) e quelli estratti meno frequentemente (numerati freddi). Questo ti darà una base solida per selezionare i numeri da includere nelle tue scommesse.

3. **Sviluppo di combinazioni intelligenti:** Sulla base dei numeri caldi e freddi identificati, sviluppa combinazioni intelligenti che bilancino sia la frequenza dei numeri caldi che l'inclusione strategica dei numeri freddi. Ad esempio, potresti decidere di includere un mix di numeri caldi e freddi in ogni scommessa, tenendo conto delle tendenze storiche delle estrazioni.

4. **Test e rifinitura:** Una volta sviluppate le combinazioni, testale utilizzando dati storici aggiuntivi o simulazioni. Valuta l'efficacia delle tue scommesse in base alle probabilità di vincita e ai risultati ottenuti. Se necessario, apporta modifiche alle tue strategie per migliorare le prestazioni.

5. **Gestione del budget:** Assicurati di gestire il tuo budget in modo responsabile mentre crei e testi i tuoi sistemi personalizzati. Imposta limiti chiari sulle spese e sii disciplinato nel rispettarli. Ricorda che anche il sistema più promettente non può garantire una vittoria e che il gioco responsabile è fondamentale.

6. **Monitoraggio e aggiornamento:** Una volta implementato il tuo sistema personalizzato, monitora attentamente i suoi risultati nel tempo. Continua a osservare le tendenze nelle estrazioni e apporta aggiornamenti al tuo sistema secondo necessità. L'adattamento continuo è essenziale per mantenere la rilevanza e l'efficacia del tuo approccio nel lungo periodo.

Seguendo questi passaggi e adottando un approccio attento e diligente, puoi sviluppare un sistema personalizzato che massimizzi le tue probabilità di vincita al Lotto.

2.10 Valutare la validità dei sistemi attraverso l'analisi storica

Valutare la validità dei sistemi attraverso l'analisi storica è un passaggio cruciale nel processo di sviluppo e miglioramento delle strategie di gioco del Lotto. Questo approccio implica l'osservazione e l'analisi delle performance dei sistemi nel contesto delle estrazioni passate al fine di determinare la loro efficacia e affidabilità nel lungo termine. Ecco come puoi condurre un'analisi storica accurata per valutare i sistemi:

1. **Raccolta dei dati:** Raccogli tutti i dati storici delle estrazioni del Lotto relativi al periodo considerato. Assicurati di avere accesso a informazioni complete e dettagliate su tutte le estrazioni, inclusi i numeri estratti, le date delle estrazioni e qualsiasi altra informazione rilevante.

2. **Applicazione del sistema:** Applica il sistema che desideri valutare a tutti i dati storici disponibili. Segui rigorosamente le regole e le linee guida del sistema durante questo processo, senza apportare modifiche o adattamenti.

3. **Analisi dei risultati:** Una volta applicato il sistema a tutti i dati storici, analizza i risultati ottenuti. Valuta le prestazioni del sistema in base a criteri come il numero di vincite, il rendimento finanziario complessivo e la coerenza dei risultati nel tempo.

4. **Confronto con le aspettative:** Confronta i risultati ottenuti con le aspettative iniziali del sistema. Se il sistema si è comportato come previsto e ha prodotto risultati in linea con le aspettative, potrebbe essere considerato valido e affidabile. Al contrario, se i risultati sono significativamente diversi dalle previsioni o se il sistema ha mostrato una bassa efficacia nel generare vincite, potrebbe essere necessario rivedere o abbandonare il sistema.

5. **Valutazione della coerenza:** Valuta anche la coerenza dei risultati nel tempo. Un sistema che mostra una buona coerenza nei suoi risultati attraverso un ampio range di estrazioni è più probabile che sia valido e affidabile rispetto a uno che produce risultati altamente variabili o erratici.

6. **Adattamento e ottimizzazione:** Sulla base dei risultati dell'analisi storica, considera se è necessario apportare modifiche o adattamenti al sistema per migliorarne l'efficacia. Potresti dover aggiornare le regole del sistema, modificare le combinazioni di numeri o apportare altri miglioramenti per massimizzare le probabilità di vincita.

7. **Validazione attraverso la simulazione:** Per confermare ulteriormente la validità del sistema, è possibile eseguire simulazioni utilizzando dati storici per testare le prestazioni del sistema in scenari ipotetici. Questo può fornire ulteriori informazioni sulla robustezza e l'efficacia del sistema in varie situazioni.

Attraverso un'analisi storica dettagliata e accurata, puoi valutare in modo critico la validità dei sistemi e delle strategie nel contesto del gioco del Lotto, consentendoti di prendere decisioni informate e basate sui dati per massimizzare le tue probabilità di successo.

III. Sistemi Matematici Avanzati

3.1 Teoria dei numeri e il suo ruolo nel Lotto

Il Lotto è un gioco di numeri, e la teoria dei numeri svolge un ruolo cruciale nel comprendere le dinamiche di questo gioco. La teoria dei numeri è un ramo della matematica che si occupa dello studio delle proprietà e dei comportamenti dei numeri interi. Sebbene possa sembrare astratta o complessa, la teoria dei numeri fornisce una base fondamentale per comprendere le potenziali strategie vincenti nel gioco del Lotto.

Uno degli aspetti principali della teoria dei numeri nel contesto del Lotto è l'analisi delle proprietà dei numeri primi e dei loro multipli. I numeri primi sono numeri interi che sono divisibili solo per se stessi e per uno, come ad esempio 2, 3, 5, 7, e così via. Questi numeri hanno una particolare importanza nel Lotto, poiché le combinazioni vincenti spesso coinvolgono multipli di numeri primi o relazioni con essi.

Ad esempio, si potrebbe osservare che alcune combinazioni vincenti nel Lotto coinvolgono numeri primi o multipli di numeri primi come parte della sequenza estratta. Questo potrebbe suggerire che i numeri primi o le loro proprietà hanno un'influenza significativa sulle estrazioni del Lotto e potrebbero essere utilizzati come base per sviluppare strategie di scommessa più mirate e efficaci.

Inoltre, la teoria dei numeri offre anche insight su concetti come le sequenze aritmetiche e geometriche, che possono essere presenti nelle estrazioni del Lotto. Le sequenze aritmetiche coinvolgono una progressione costante tra i numeri, mentre le sequenze geometriche coinvolgono una progressione costante tra i rapporti tra i numeri. Identificare queste sequenze e comprendere come possono influenzare le estrazioni del Lotto può essere fondamentale per sviluppare strategie vincenti.

3.2 Approfondimento sulle progressioni aritmetiche e geometriche

Le progressioni aritmetiche e geometriche sono concetti fondamentali nella teoria dei numeri e giocano un ruolo significativo nell'analisi delle estrazioni del Lotto. Comprendere la natura e le caratteristiche di queste progressioni può fornire preziose intuizioni per identificare pattern e tendenze nei numeri estratti.

Una progressione aritmetica è una sequenza di numeri in cui ciascun termine successivo è ottenuto aggiungendo costantemente una quantità fissa al termine precedente. Ad esempio, la sequenza 2, 5, 8, 11, 14 è una progressione aritmetica con un passo di +3. Nelle estrazioni del Lotto, potremmo osservare la presenza di progressioni aritmetiche nei numeri estratti, dove i numeri estratti mostrano una regolarità nella loro progressione.

D'altra parte, una progressione geometrica è una sequenza di numeri in cui ciascun termine successivo è ottenuto moltiplicando costantemente il termine precedente per un rapporto fisso. Ad esempio, la sequenza 3, 9, 27, 81 è una progressione geometrica con un rapporto di moltiplicazione di 3. Anche le progressioni geometriche possono essere rilevanti nelle estrazioni del Lotto, poiché potremmo osservare la presenza di rapporti costanti tra i numeri estratti.

Approfondendo ulteriormente queste progressioni, possiamo utilizzare strumenti matematici e tecniche per identificare e analizzare le sequenze aritmetiche e geometriche presenti nelle estrazioni del Lotto. Ad esempio, potremmo utilizzare la formula generale per il termine n-esimo di una progressione aritmetica o geometrica per predire i prossimi numeri nella sequenza estratta.

3.3 Applicazione delle combinazioni e delle permutazioni

Le combinazioni e le permutazioni sono strumenti matematici potenti che possono essere applicati con successo nel contesto del Lotto per sviluppare strategie di scommessa più efficaci. Comprendere come utilizzare queste tecniche in modo appropriato può offrire vantaggi significativi nell'identificare le migliori combinazioni di numeri da giocare.

Le combinazioni rappresentano tutti i modi unici in cui un insieme di oggetti può essere selezionato, senza considerare l'ordine. Nel Lotto, le combinazioni possono essere utilizzate per generare tutte le possibili selezioni di numeri che possono essere estratte in una singola giocata. Ad esempio, se si sceglie di giocare sei numeri su un totale di 90, ci sono un numero specifico di combinazioni possibili di sei numeri tra 90, che può essere calcolato utilizzando la formula delle combinazioni.

D'altra parte, le permutazioni rappresentano tutti i modi unici in cui un insieme di oggetti può essere ordinato. Nel contesto del Lotto, le permutazioni possono essere utilizzate per generare tutte le possibili sequenze di numeri che possono essere estratte. Ad esempio, se si sceglie di giocare tre numeri su un totale di 90, ci sono un numero specifico di permutazioni possibili di tre numeri tra 90, che può essere calcolato utilizzando la formula delle permutazioni.

Applicando queste tecniche, è possibile generare una vasta gamma di combinazioni e permutazioni di numeri che possono essere utilizzate per le scommesse al Lotto. Tuttavia, è importante selezionare attentamente le combinazioni e le permutazioni da giocare, tenendo conto delle probabilità di vincita associate a ciascuna combinazione.

Ad esempio, è possibile utilizzare le combinazioni e le permutazioni per generare insiemi di numeri che riflettano le tendenze storiche delle estrazioni del Lotto, come la presenza di numeri caldi o freddi, sequenze numeriche o altre caratteristiche rilevanti. Inoltre, è possibile utilizzare queste tecniche per diversificare le scommesse e coprire una vasta gamma di possibili risultati.

3.4 Sistemi ridotti: massimizzare le probabilità con meno numeri

Nei sistemi ridotti, l'obiettivo è massimizzare le probabilità di vincita riducendo il numero di combinazioni di numeri giocati. Questo approccio si basa sull'idea di selezionare un insieme più piccolo e mirato di numeri che, se estratti, aumentano le probabilità di ottenere una vincita. Vediamo come funziona e come può essere applicato nel contesto del Lotto.

Una delle strategie più comuni per creare sistemi ridotti è l'utilizzo delle cosiddette "coperture". Una copertura è un insieme di numeri selezionati in modo che, se alcuni di essi vengono estratti, sia garantito di ottenere almeno un certo numero di vincite. Ad esempio, supponiamo di avere un sistema ridotto composto da dieci numeri, e scegliamo una copertura di cinque numeri. Ciò significa che tra i dieci numeri selezionati, almeno cinque devono essere estratti per garantire almeno una vincita.

Un'altra tecnica comune per creare sistemi ridotti è l'utilizzo di algoritmi di riduzione. Questi algoritmi analizzano un insieme più grande di numeri e identificano una serie di combinazioni più piccole e significative che coprono la maggior parte delle possibilità di vincita. In questo modo, è possibile ridurre il numero di combinazioni da giocare senza compromettere significativamente le probabilità di vincita.

Un esempio pratico di sistema ridotto potrebbe essere il seguente: anziché giocare una schedina con dieci numeri, si potrebbe utilizzare un sistema ridotto che copre solo una parte di quei dieci numeri, ad esempio sei o sette numeri. Se uno o più dei numeri selezionati vengono estratti, le probabilità di vincita sono comunque alte grazie alla riduzione del campo numerico.

È importante notare che, sebbene i sistemi ridotti possano offrire una maggiore efficienza nel ridurre il numero di combinazioni da giocare, possono anche ridurre il potenziale delle vincite. Pertanto, è essenziale bilanciare l'efficacia del sistema ridotto con le aspettative di vincita desiderate.

3.5 L'uso dei quadrati magici e delle matrici per migliorare le combinazioni

I quadrati magici e le matrici sono strumenti matematici che possono essere utilizzati in modo creativo per migliorare le combinazioni di numeri nel gioco del Lotto. Questi strumenti offrono un approccio innovativo per selezionare numeri in modo strategico, prendendo in considerazione le relazioni e le proprietà matematiche che possono esistere tra di essi.

Un quadrato magico è una disposizione di numeri in una griglia in modo che la somma dei numeri lungo ogni riga, ogni colonna e lungo le diagonali principali sia uguale. Ad esempio, un quadrato magico 3x3 avrà nove numeri disposti in una griglia 3x3, in modo che la somma dei numeri lungo ogni riga, colonna e diagonale sia la stessa. Questi quadrati magici possono essere utilizzati nel Lotto per selezionare gruppi di numeri che mantengono una relazione matematica specifica tra di loro, aumentando così le probabilità di ottenere una vincita.

Le matrici possono essere utilizzate in modo simile per organizzare e selezionare numeri in combinazioni vincenti. Una matrice è una disposizione rettangolare di numeri o elementi in righe e colonne. Utilizzando le proprietà matematiche delle matrici, è possibile creare combinazioni di numeri che seguono schemi specifici e regole matematiche. Ad esempio, si potrebbero utilizzare matrici per organizzare i numeri in modo che la somma di determinate righe o colonne dia un risultato specifico, aumentando così le probabilità di ottenere una vincita.

Un esempio pratico di utilizzo dei quadrati magici potrebbe essere il seguente: si potrebbe costruire un quadrato magico 3x3 con numeri selezionati e utilizzarlo come base per creare combinazioni di numeri per giocare al Lotto. Questo quadrato magico garantirebbe che ogni combinazione selezionata abbia una somma totale uguale, aumentando così le probabilità di vincita.

3.6 Il metodo delle matrici di Tabel e la sua efficacia

Il metodo delle matrici di Tabel è una tecnica avanzata utilizzata per creare combinazioni di numeri nel gioco del Lotto. Questo metodo si basa sull'analisi approfondita delle relazioni matematiche tra i numeri estratti e sfrutta le proprietà delle matrici per generare combinazioni ottimizzate.

Il principio di base delle matrici di Tabel è quello di organizzare i numeri in una matrice in modo che determinate proprietà o relazioni tra i numeri possano essere identificate e sfruttate. Una volta che i numeri sono disposti nella matrice, vengono applicate regole matematiche per generare combinazioni di numeri che massimizzano le probabilità di vincita.

Una delle caratteristiche distintive delle matrici di Tabel è la loro flessibilità e adattabilità. Questo metodo consente agli utenti di personalizzare le matrici in base alle proprie preferenze e strategie di gioco. Ad esempio, è possibile modificare le dimensioni della matrice, le regole di disposizione dei numeri e le regole per la generazione delle combinazioni in modo da adattarsi alle esigenze specifiche del giocatore.

L'efficacia delle matrici di Tabel risiede nella loro capacità di generare combinazioni di numeri altamente ottimizzate che tengono conto delle relazioni matematiche tra i numeri estratti. Questo metodo consente di selezionare numeri in modo più mirato e strategico, aumentando così le probabilità di ottenere una vincita.

Tuttavia, è importante notare che le matrici di Tabel richiedono una comprensione approfondita della teoria matematica e una certa competenza nell'applicazione delle regole e delle strategie. Per sfruttare appieno l'efficacia di questo metodo, è consigliabile acquisire familiarità con i concetti matematici coinvolti e praticare l'utilizzo delle matrici di Tabel attraverso esercizi e simulazioni.

3.7 Algoritmi computazionali per la generazione di combinazioni ottimali

Gli algoritmi computazionali offrono un approccio potente per generare combinazioni ottimali di numeri nel gioco del Lotto. Questi algoritmi utilizzano metodi computazionali avanzati per esplorare e analizzare una vasta gamma di possibili combinazioni, identificando quelle che massimizzano le probabilità di vincita.

Uno dei principali vantaggi degli algoritmi computazionali è la loro capacità di gestire grandi quantità di dati e calcoli in modo efficiente e veloce. Ciò consente loro di esaminare un numero enorme di combinazioni possibili, esplorando una vasta gamma di strategie di gioco in un tempo relativamente breve.

Gli algoritmi computazionali per la generazione di combinazioni ottimali possono essere suddivisi in diverse categorie, tra cui:

1. **Algoritmi di ricerca esaustiva:** Questi algoritmi esplorano tutte le possibili combinazioni di numeri nel set di dati fornito. Sebbene possano essere computazionalmente intensivi, forniscono una soluzione ottimale garantita.

2. **Algoritmi di ricerca locale:** Questi algoritmi esplorano una serie di combinazioni di numeri partendo da un punto iniziale e cercano di migliorare iterativamente la soluzione utilizzando metodi di ottimizzazione locale.

3. **Algoritmi genetici:** Questi algoritmi prendono ispirazione dal processo evolutivo naturale e generano una serie di combinazioni di numeri che vengono valutate e adattate attraverso iterazioni successive per raggiungere una soluzione ottimale.

4. **Algoritmi basati su euristiche:** Questi algoritmi utilizzano regole euristici o "euristiche" per guidare il processo decisionale e generare combinazioni di numeri che si avvicinano all'ottimo desiderato.

L'efficacia degli algoritmi computazionali dipende dalla qualità delle regole e delle strategie implementate all'interno di essi, nonché dalla quantità e dalla qualità dei dati disponibili. Tuttavia, quando progettati e utilizzati correttamente, questi algoritmi possono essere strumenti estremamente utili per migliorare le probabilità di vincita nel gioco del Lotto.

3.8 Esempi pratici di come implementare sistemi matematici complessi

Per comprendere appieno l'implementazione di sistemi matematici complessi nel contesto del gioco del Lotto, consideriamo alcuni esempi pratici che illustrano come tali sistemi possono essere utilizzati per aumentare le probabilità di vincita.

Uno degli esempi più comuni di sistemi complessi è l'utilizzo di algoritmi genetici per la generazione e l'ottimizzazione di combinazioni di numeri. Questi algoritmi possono essere utilizzati per esplorare una vasta gamma di combinazioni di numeri, valutare la loro efficacia in base a criteri definiti (come la probabilità di vincita) e adattare le combinazioni in modo da avvicinarsi sempre più all'ottimo desiderato. Ad esempio, un algoritmo genetico potrebbe generare una serie di combinazioni di numeri, valutarle in base alla probabilità di vincita e selezionare quelle che mostrano le prestazioni migliori per ulteriori adattamenti e iterazioni.

Un altro esempio pratico potrebbe essere l'utilizzo di reti neurali artificiali per l'analisi dei dati storici delle estrazioni del Lotto al fine di identificare pattern e tendenze nascoste. Le reti neurali possono essere addestrate utilizzando dati storici per riconoscere correlazioni tra numeri estratti e altri fattori, come la data dell'estrazione o il giorno della settimana. Una volta addestrate, queste reti neurali possono essere utilizzate per generare previsioni sulle probabilità di estrazione futura e guidare le decisioni di scommessa.

Un altro esempio potrebbe essere l'implementazione di modelli statistici avanzati, come le catene di Markov, per modellare il comportamento delle estrazioni del Lotto nel tempo. Le catene di Markov possono essere utilizzate per stimare le probabilità di transizione tra diversi stati (ad esempio, la presenza di numeri caldi o freddi) e generare previsioni sulle possibili future configurazioni delle estrazioni del Lotto.

In tutti questi casi, l'implementazione di sistemi matematici complessi richiede una comprensione approfondita della teoria matematica sottostante e delle tecniche di programmazione necessarie per sviluppare e utilizzare tali sistemi in modo efficace. Tuttavia, quando utilizzati correttamente, questi sistemi possono offrire un vantaggio significativo nel migliorare le probabilità di vincita al gioco del Lotto.

3.9 Affrontare i limiti dei sistemi matematici nel contesto del Lotto

Nonostante la promessa di sistemi matematici avanzati nel migliorare le probabilità di vincita al gioco del Lotto, è importante affrontare apertamente i limiti e le sfide associate all'uso di tali approcci.

In primo luogo, è essenziale riconoscere che il Lotto è, per sua natura, un gioco basato principalmente sulla casualità. Anche se i sistemi matematici possono offrire strategie razionali per selezionare combinazioni di numeri, non esiste un metodo garantito per prevedere con precisione quali numeri verranno estratti in una determinata estrazione. Questo significa che anche i migliori sistemi matematici possono fornire solo una guida approssimativa alle probabilità di vincita e non possono eliminare completamente il fattore casuale.

Inoltre, i sistemi matematici complessi possono richiedere un notevole sforzo computazionale e risorse per essere implementati correttamente. Ciò include la necessità di raccogliere e analizzare grandi quantità di dati storici, sviluppare algoritmi sofisticati e eseguire calcoli computazionalmente intensivi. Questo può rendere l'implementazione pratica di tali sistemi complessi non solo costosa, ma anche difficile da gestire per i giocatori occasionali o meno esperti.

Inoltre, anche quando i sistemi matematici producono combinazioni di numeri "ottimizzate" in base alle regole e alle strategie definite, non c'è alcuna garanzia che queste combinazioni porteranno effettivamente a una vincita. Le probabilità di vincita al Lotto rimangono sempre basse, e persino le combinazioni di numeri selezionate con l'ausilio di sistemi matematici avanzati potrebbero non riuscire a generare una vincita significativa.

Infine, è importante ricordare che il gioco del Lotto dovrebbe essere intrattenimento e divertimento, e non un investimento finanziario. Anche se l'uso di sistemi matematici può aumentare le probabilità di vincita in modo marginale, è fondamentale giocare in modo responsabile e senza mai scommettere più di quanto ci si possa permettere di perdere.

3.10 Consigli per l'adattamento e l'aggiornamento dei sistemi nel tempo

Per mantenere l'efficacia dei sistemi nel tempo nel contesto del gioco del Lotto, è fondamentale adottare un approccio dinamico e continuamente adattivo. Ecco alcuni consigli pratici per l'adattamento e l'aggiornamento dei sistemi nel tempo:

1. **Monitorare e analizzare i risultati:** È importante
tenere traccia dei risultati delle estrazioni del Lotto e
analizzare attentamente le prestazioni dei sistemi nel
corso del tempo. Questo può aiutare a identificare
tendenze emergenti, cambiamenti nei modelli di
estrazione e l'efficacia dei sistemi rispetto alle
previsioni.

2. **Testare e raffinare le strategie:** Periodicamente, è utile
testare e raffinare le strategie dei sistemi per adattarle
alle nuove informazioni e alle condizioni di gioco.
Questo potrebbe includere l'aggiornamento delle regole
di selezione dei numeri, l'ottimizzazione degli algoritmi
di generazione delle combinazioni e l'aggiornamento
delle previsioni basate su dati storici più recenti.

3. **Integrare nuove tecniche e approcci:** Il mondo della
matematica e dell'analisi dei dati è in continua
evoluzione, con nuove tecniche e approcci che vengono
sviluppati e raffinati nel tempo. È importante rimanere
aggiornati sulle ultime tendenze e integrare nuove
tecniche e metodologie nei sistemi esistenti, se
opportuno.

4. **Adattarsi alle variazioni delle regole del gioco:** Le
regole del gioco del Lotto possono cambiare nel tempo,
ad esempio con l'introduzione di nuovi tipi di
scommessa o modifiche nelle modalità di estrazione dei
numeri. È importante adattare i sistemi esistenti per
tener conto di queste variazioni e massimizzare le
opportunità di vincita.

5. **Mantenere flessibilità e apertura mentale:** Infine, è importante mantenere una mentalità aperta e flessibile quando si tratta di adattare e aggiornare i sistemi nel tempo. Ciò significa essere disposti a esplorare nuove idee, sperimentare nuove strategie e adattarsi ai cambiamenti nelle dinamiche del gioco del Lotto.

Mantenendo questi principi in mente e adottando un approccio proattivo all'adattamento e all'aggiornamento dei sistemi nel tempo, è possibile massimizzare le probabilità di vincita nel gioco del Lotto e rimanere sempre un passo avanti alla concorrenza.

IV. Gestione del Denaro e delle Scommesse

4.1 Importanza della pianificazione finanziaria nel gioco del Lotto

La pianificazione finanziaria svolge un ruolo fondamentale nel contesto del gioco del Lotto, poiché contribuisce a garantire che l'esperienza di gioco rimanga sempre sotto controllo e che i giocatori gestiscano in modo responsabile le proprie risorse finanziarie. Sebbene il Lotto possa offrire la possibilità di vincite sostanziali, è anche un gioco caratterizzato da probabilità molto basse di successo, il che significa che è essenziale adottare un approccio oculato e ben pianificato per gestire i fondi destinati al gioco.

La pianificazione finanziaria nel contesto del gioco del Lotto include diversi aspetti chiave. Innanzitutto, è importante stabilire un budget dedicato al gioco che sia realistico e sostenibile, e che non metta a rischio le finanze personali o familiari. Questo budget dovrebbe essere basato sul reddito disponibile e sulle spese essenziali, e dovrebbe essere considerato come un importo destinato esclusivamente al divertimento e all'intrattenimento, piuttosto che come un investimento finanziario.

In secondo luogo, è essenziale stabilire dei limiti chiari sulle scommesse e rispettarli rigorosamente. Questo potrebbe includere limiti sul numero di biglietti acquistati per ciascuna estrazione, limiti sulle somme scommesse per singola giocata, o limiti sul totale delle spese settimanali o mensili destinate al gioco del Lotto. Stabilire questi limiti aiuta a prevenire comportamenti impulsivi e a mantenere il controllo sulle proprie finanze.

Inoltre, è consigliabile pianificare in anticipo come gestire le eventuali vincite. Questo potrebbe includere la definizione di obiettivi specifici per l'utilizzo delle vincite, come il pagamento di debiti, il risparmio per obiettivi futuri o l'investimento in opportunità finanziarie redditizie. Avere un piano chiaro per l'utilizzo delle vincite può contribuire a garantire che vengano utilizzate in modo saggio e responsabile.

Infine, è importante adottare un approccio realistico alle probabilità di vincita nel gioco del Lotto e comprendere che, nonostante tutti gli sforzi e le strategie adottate, le possibilità di successo rimangono basse. Mantenere questa consapevolezza aiuta a evitare aspettative irrealistiche e a ridurre il rischio di dipendenza dal gioco d'azzardo.

In definitiva, una solida pianificazione finanziaria è essenziale per garantire un'esperienza di gioco del Lotto divertente, responsabile e sostenibile nel lungo termine.

4.2 Determinazione del budget appropriato per giocare in modo responsabile

Per determinare un budget appropriato per il gioco responsabile del Lotto, è importante considerare diversi fattori chiave che influenzano le finanze personali e il comportamento di gioco di ciascun individuo. Ecco alcuni passaggi pratici per stabilire un budget adeguato:

1. **Valutare il reddito disponibile:** Il primo passo è valutare il reddito disponibile, ovvero la quantità di denaro che una persona ha a disposizione per scopi di intrattenimento, inclusi i giochi d'azzardo come il Lotto. Questo dovrebbe includere tutte le fonti di reddito regolari, come lo stipendio, le pensioni o altre forme di entrata.

2. **Considerare le spese essenziali:** Dopo aver valutato il reddito disponibile, è importante dedurre le spese essenziali mensili, come l'affitto o il mutuo, le bollette, il cibo e le spese mediche. Questo fornisce una visione chiara del denaro rimanente che può essere destinato al gioco del Lotto senza compromettere le esigenze finanziarie di base.

3. **Identificare un importo ragionevole per il divertimento:** Una volta sottratte le spese essenziali dal reddito disponibile, è possibile identificare un importo ragionevole che può essere dedicato al divertimento e all'intrattenimento, compreso il gioco del Lotto. Questo dovrebbe essere un importo che non mette a rischio il benessere finanziario complessivo e che è confortevole per il giocatore.

4. **Stabilire limiti settimanali o mensili:** Basandosi sull'importo identificato per il divertimento, è consigliabile stabilire limiti chiari sulle spese settimanali o mensili destinate al gioco del Lotto. Questo può aiutare a evitare di spendere più del previsto e a mantenere il controllo sulle finanze personali.

5. **Rivedere e aggiornare regolarmente il budget:** È importante rivedere regolarmente il budget dedicato al gioco del Lotto e aggiornarlo in base alle variazioni nelle circostanze finanziarie personali. Se il reddito o le spese cambiano, il budget dovrebbe essere adattato di conseguenza per riflettere tali cambiamenti.

Seguire questi passaggi può aiutare a stabilire un budget appropriato per il gioco responsabile del Lotto, che tiene conto delle esigenze finanziarie individuali e garantisce che il gioco rimanga sempre un'attività divertente e sostenibile.

4.3 Tecniche per gestire le vincite e le perdite

Gestire le vincite e le perdite in modo efficace è cruciale per mantenere un approccio responsabile al gioco del Lotto e garantire una gestione finanziaria sana nel lungo termine. Ecco alcune tecniche pratiche per gestire sia le vincite che le perdite:

1. **Stabilire obiettivi per l'utilizzo delle vincite:** Prima ancora di vincere, è utile avere un piano chiaro su come verranno utilizzate le vincite. Ad esempio, potresti decidere di destinare una parte delle vincite al risparmio, al pagamento dei debiti o a un investimento. Stabilire obiettivi specifici ti aiuta a evitare di spendere impulsivamente le vincite.

2. **Evitare la ricompensa immediata:** Quando si ricevono vincite significative, è importante evitare la tentazione di spendere o scommettere immediatamente tutto il denaro vinto. Prenditi del tempo per riflettere sulle tue opzioni e valutare con calma come desideri utilizzare le vincite in modo saggio e responsabile.

3. **Ridurre le perdite con una strategia di uscita:** Prima di iniziare a giocare, stabilisci un limite massimo alle perdite che sei disposto a sopportare e attieniti ad esso. Quando raggiungi questo limite, smetti di giocare e ritirati. Questo ti aiuta a evitare di cadere nella trappola di tentare di recuperare le perdite attraverso scommesse sempre più rischiose.

4. **Tenere traccia delle vincite e delle perdite:** Mantenere un registro accurato delle vincite e delle perdite ti fornisce una panoramica chiara delle tue finanze di gioco nel tempo. Questo ti permette di valutare la tua performance complessiva e di apportare eventuali aggiustamenti alla tua strategia di gioco, se necessario.

5. **Cercare supporto se necessario:** Se ritieni di avere difficoltà a gestire le vincite e le perdite o se il gioco del Lotto sta influenzando negativamente la tua vita finanziaria o personale, non esitare a cercare supporto. Ci sono molte risorse disponibili, tra cui consulenti finanziari, linee di assistenza per il gioco d'azzardo compulsivo e gruppi di supporto.

Seguendo queste tecniche, puoi gestire in modo efficace le vincite e le perdite nel gioco del Lotto, mantenendo un approccio responsabile e sostenibile nel lungo termine.

4.4 Utilizzo di strategie di scommessa progressiva

Le strategie di scommessa progressiva sono una delle tecniche utilizzate da alcuni giocatori per gestire le loro scommesse nel gioco del Lotto. Questo approccio implica l'aumento o la diminuzione delle scommesse in base ai risultati delle estrazioni precedenti, con l'obiettivo di massimizzare le vincite o di ridurre le perdite nel lungo termine. Ecco come funziona:

1. **Strategia di scommessa incrementale:** In questa strategia, i giocatori aumentano gradualmente l'importo della loro scommessa dopo ogni perdita e la riducono dopo ogni vincita. Ad esempio, un giocatore potrebbe iniziare scommettendo una piccola somma e raddoppiarla dopo ogni perdita, ma ridurla alla puntata iniziale dopo ogni vincita. Questo approccio mira a recuperare le perdite precedenti con scommesse più grandi durante le serie fortunate e a limitare le perdite durante le serie sfortunate.

2. **Strategia di scommessa regressiva:** Al contrario della strategia incrementale, la strategia regressiva prevede di diminuire l'importo delle scommesse dopo ogni perdita e aumentarlo dopo ogni vincita. Questo approccio si basa sull'idea che le perdite tendono a essere seguite da vincite e viceversa, quindi riducendo le scommesse durante le serie sfortunate si possono limitare le perdite, mentre aumentando le scommesse durante le serie fortunate si possono massimizzare le vincite.

3. **Strategia di scommessa proporzionale:** Questa strategia prevede di scommettere una percentuale costante del bankroll totale dopo ogni estrazione. Ad esempio, un giocatore potrebbe decidere di scommettere il 5% del proprio bankroll ad ogni estrazione. In questo modo, le scommesse si adattano automaticamente alle variazioni nel bankroll e ai risultati delle estrazioni, consentendo una gestione flessibile delle scommesse nel tempo.

È importante notare che le strategie di scommessa progressiva non garantiscono necessariamente una maggiore probabilità di vincita nel gioco del Lotto e possono comportare rischi significativi, specialmente se non vengono utilizzate con cautela. Prima di adottare qualsiasi strategia di scommessa, è essenziale comprendere appieno i suoi potenziali rischi e benefici e valutarla in base alle proprie circostanze personali e alle proprie preferenze di gioco.

4.5 Rischi e benefici dell'investimento in sistemi complessi

Investire in sistemi complessi nel gioco del Lotto può comportare una serie di rischi e benefici da considerare attentamente. Ecco una panoramica dettagliata dei principali rischi e benefici associati a questo tipo di approccio:

Rischi:

1. **Complessità e difficoltà di implementazione:** I sistemi complessi possono richiedere un'analisi approfondita e una comprensione avanzata della teoria matematica alla base. Implementare correttamente tali sistemi richiede tempo e sforzi considerevoli da parte del giocatore.

2. **Costi aggiuntivi:** Alcuni sistemi complessi potrebbero richiedere l'acquisto di software specializzato o l'accesso a risorse avanzate, che possono comportare costi aggiuntivi per il giocatore. Questi costi devono essere bilanciati rispetto ai potenziali benefici del sistema.

3. **Rischio di perdita finanziaria:** Anche se i sistemi complessi sono progettati per aumentare le probabilità di vincita, non offrono alcuna garanzia di successo. I giocatori potrebbero incorrere in perdite finanziarie significative se il sistema non produce i risultati desiderati o se non viene implementato correttamente.

Benefici:

1. **Potenziale di miglioramento delle probabilità di vincita:** I sistemi complessi sono progettati per identificare modelli e tendenze nelle estrazioni passate, che potrebbero essere utilizzati per migliorare le probabilità di vincita nel gioco del Lotto. Seguendo attentamente il sistema, i giocatori potrebbero aumentare le loro possibilità di successo nel lungo termine.

2. **Approccio strutturato al gioco:** I sistemi complessi forniscono un approccio strutturato e basato sulla logica al gioco del Lotto, che potrebbe aiutare i giocatori a prendere decisioni più informate e razionali sulle loro scommesse. Questo può ridurre l'impulso di scommettere in modo irrazionale e aumentare il controllo sulle finanze di gioco.

3. **Soddisfazione personale:** Per alcuni giocatori, l'utilizzo di sistemi complessi può essere gratificante dal punto di vista intellettuale e personale. La sfida di sviluppare e implementare con successo un sistema può portare una sensazione di realizzazione e soddisfazione personale, indipendentemente dai risultati finanziari.

È importante che i giocatori valutino attentamente i rischi e i benefici associati all'investimento in sistemi complessi e prendano decisioni informate in base alle proprie circostanze e obiettivi personali di gioco.

4.6 Differenze tra scommesse singole e multiple

Le scommesse singole e multiple rappresentano due approcci distinti nel gioco del Lotto, ognuno con le proprie caratteristiche e implicazioni. Ecco alcune delle principali differenze tra le due:

Scommesse Singole:

1. **Unica selezione di numeri:** Con le scommesse singole, il giocatore seleziona un insieme specifico di numeri e scommette su di essi per una sola estrazione.

2. **Costo inferiore:** Le scommesse singole hanno un costo inferiore rispetto alle scommesse multiple, poiché coinvolgono meno combinazioni di numeri.

3. **Vincite più basse:** Poiché il giocatore scommette su un numero limitato di combinazioni, le vincite associate alle scommesse singole tendono ad essere più basse rispetto alle scommesse multiple. Tuttavia, il rischio finanziario è anche inferiore.

4. **Flessibilità nella selezione dei numeri:** Con le scommesse singole, il giocatore ha la flessibilità di selezionare i numeri in base alla propria strategia personale, senza dover considerare molteplici combinazioni.

Scommesse Multiple:

1. **Più combinazioni di numeri:** Le scommesse multiple coinvolgono più combinazioni di numeri, consentendo al giocatore di scommettere su una vasta gamma di possibili risultati in una singola estrazione.

2. **Costo più elevato:** A causa del numero maggiore di combinazioni coinvolte, le scommesse multiple hanno un costo più elevato rispetto alle scommesse singole. Tuttavia, ciò può aumentare le possibilità di vincita.

3. **Potenziale di vincita più elevato:** Poiché il giocatore scommette su più combinazioni di numeri, le scommesse multiple offrono un potenziale di vincita più elevato rispetto alle scommesse singole. Tuttavia, le vincite vengono divise tra le diverse combinazioni vincenti.

4. **Aumento del rischio finanziario:** Sebbene le scommesse multiple offrano un potenziale di vincita più elevato, comportano anche un rischio finanziario maggiore a causa del costo più elevato. I giocatori devono valutare attentamente questo rischio prima di optare per scommesse multiple.

Scegliere tra scommesse singole e multiple dipende dalle preferenze personali del giocatore, dal budget disponibile e dalla strategia di gioco adottata. Entrambi gli approcci hanno vantaggi e svantaggi, e la decisione migliore dipende dalla situazione individuale del giocatore.

4.7 L'effetto delle quote e delle vincite potenziali sulle decisioni di scommessa

Le quote e le vincite potenziali giocano un ruolo significativo nelle decisioni di scommessa nel Lotto, influenzando le strategie adottate dai giocatori. Ecco come queste variabili possono influenzare le decisioni di scommessa:

1. Vincite potenziali:

Le vincite potenziali rappresentano l'importo che un giocatore può vincere se i suoi numeri selezionati corrispondono a quelli estratti. Questo elemento è fondamentale nella valutazione del rapporto rischio-rendimento di una scommessa. I giocatori possono essere attratti da vincite potenzialmente elevate, specialmente quando investono in scommesse multiple o sistemi complessi che offrono un potenziale di vincita maggiore. Tuttavia, è essenziale considerare che vincite più elevate comportano spesso una riduzione delle probabilità di vincita, quindi i giocatori devono valutare attentamente questo trade-off.

2. Quote:

Le quote nel Lotto rappresentano il rapporto tra la scommessa effettuata e la potenziale vincita. Sono determinate dalla frequenza con cui determinate combinazioni vincenti si verificano e dalla struttura di pagamento del gioco. Le quote più alte indicano che la probabilità di vincita è più bassa, ma le vincite potenziali sono più elevate, mentre le quote più basse indicano una maggiore probabilità di vincita ma vincite potenziali inferiori. I giocatori devono considerare attentamente le quote offerte per ogni tipo di scommessa e confrontarle con le proprie strategie di gioco e obiettivi finanziari.

3. Impatto sulle decisioni di scommessa:

Le vincite potenziali e le quote influenzano direttamente le decisioni di scommessa dei giocatori. Alcuni giocatori potrebbero essere disposti a rischiare di più per la possibilità di vincere una somma più grande, mentre altri potrebbero preferire scommesse più conservative con probabilità di vincita più elevate, anche se le vincite potenziali sono inferiori. La scelta dipende dalle preferenze personali del giocatore, dal suo stile di gioco e dalla sua tolleranza al rischio finanziario.

In definitiva, le quote e le vincite potenziali sono fattori cruciali che i giocatori devono considerare attentamente prima di effettuare una scommessa. Comprendere come queste variabili influenzano le decisioni di scommessa può aiutare i giocatori a sviluppare strategie più efficaci e a massimizzare le loro probabilità di successo nel gioco del Lotto.

4.8 Strategie di scommessa per massimizzare il rendimento nel lungo termine

Per massimizzare il rendimento nel lungo termine nel gioco del Lotto, è essenziale adottare strategie di scommessa che bilancino efficacemente il potenziale di vincita con il rischio finanziario. Ecco alcune strategie pratiche che i giocatori possono considerare:

1. Gestione del budget:

La gestione oculata del budget è fondamentale per evitare di scommettere più del dovuto e per mantenere il controllo sulle proprie finanze. I giocatori dovrebbero stabilire un budget settimanale o mensile dedicato al gioco del Lotto e attenersi rigorosamente ad esso. Inoltre, è consigliabile utilizzare solo una piccola percentuale del budget totale per ogni singola scommessa, al fine di limitare le perdite in caso di risultati negativi.

2. Diversificazione delle scommesse:

Piuttosto che concentrarsi esclusivamente su una singola strategia di scommessa, i giocatori possono diversificare le loro scommesse per ridurre il rischio complessivo e massimizzare le opportunità di vincita. Questo può includere la combinazione di scommesse singole e multiple, l'utilizzo di sistemi ridotti e l'esplorazione di diverse combinazioni di numeri.

3. Approccio conservativo:

Una strategia conservativa prevede scommesse con probabilità
di vincita più alte ma vincite potenziali più basse. Questo
approccio è particolarmente adatto per i giocatori che
preferiscono ridurre il rischio finanziario e mantenere un
rendimento costante nel lungo termine. Le scommesse singole
con numeri selezionati strategicamente possono essere una
scelta appropriata in questo contesto.

4. Approccio aggressivo:

Al contrario, un approccio aggressivo comporta scommesse
con vincite potenziali più elevate ma probabilità di vincita più
basse. Questo tipo di strategia può essere adottato da giocatori
disposti a correre rischi maggiori per la possibilità di vincite
sostanziali. Le scommesse multiple e i sistemi complessi
possono essere utilizzati per perseguire questo obiettivo.

5. Monitoraggio e adattamento:

È essenziale monitorare costantemente le prestazioni delle
proprie scommesse nel tempo e adattare di conseguenza la
strategia in base ai risultati ottenuti. Se una particolare strategia
non sta producendo i risultati desiderati nel lungo termine,
potrebbe essere necessario apportare modifiche o esplorare
nuove opportunità.

In conclusione, adottare una combinazione di strategie di
scommessa conservativa e aggressiva, gestire prudentemente il
budget e adattare costantemente la propria strategia in base ai
risultati ottenuti può aiutare i giocatori a massimizzare il loro
rendimento nel lungo termine nel gioco del Lotto.

4.9 Consigli pratici per evitare il rischio di problemi legati al gioco d'azzardo

Evitare il rischio di problemi legati al gioco d'azzardo è fondamentale per garantire un'esperienza positiva e responsabile nel gioco del Lotto. Ecco alcuni consigli pratici per gestire il gioco in modo responsabile:

1. Stabilisci limiti chiari: Prima di iniziare a giocare, stabilisci limiti chiari sul tempo trascorso e sul denaro speso per il gioco del Lotto. Ad esempio, decidi un budget settimanale o mensile da dedicare al gioco e attieniti ad esso rigorosamente. Inoltre, imposta un limite di tempo massimo per le sessioni di gioco per evitare di trascorrere troppo tempo davanti alle estrazioni.

2. Evita di recuperare le perdite: È facile cadere nella trappola di tentare di recuperare le perdite aumentando le scommesse o giocando più frequentemente. Tuttavia, questo comportamento può portare a una spirale negativa di perdite finanziarie. Accetta le perdite come parte del gioco e evita di cercare di recuperarle attraverso scommesse impulsiva.

3. Gioca per divertimento, non per guadagnare: Il gioco del Lotto dovrebbe essere un'attività divertente e intrattenimento, non un modo per guadagnare denaro. Mantieni le aspettative realistiche e ricorda che le probabilità di vincita sono basse. Gioca per il piacere del gioco e non per motivi finanziari.

4. Riconosci i segnali di avvertimento: Presta attenzione ai segnali di avvertimento di un potenziale problema legato al gioco d'azzardo, come il giocare più del previsto, il mentire riguardo al gioco o il sentirsi in ansia quando non si gioca. Se noti questi segnali in te stesso o in qualcuno che conosci, cerca supporto e assistenza professionale.

5. Coinvolgi amici e familiari: Parla apertamente con amici e familiari riguardo al tuo coinvolgimento nel gioco del Lotto e chiedi il loro sostegno nel mantenere un comportamento responsabile. Condividere le tue esperienze e preoccupazioni può aiutarti a mantenere un approccio equilibrato al gioco.

6. Cerca aiuto se necessario: Se ritieni di avere difficoltà a controllare il tuo comportamento di gioco o se pensi di avere un problema legato al gioco d'azzardo, non esitare a cercare aiuto professionale. Ci sono molte risorse e organizzazioni disponibili che offrono supporto e assistenza per coloro che lutta con il gioco d'azzardo problematico.

Seguire questi consigli pratici può aiutarti a goderti il gioco del Lotto in modo responsabile e a ridurre il rischio di sviluppare problemi legati al gioco d'azzardo.

4.10 Riflessioni sulla gestione del denaro nel contesto del gioco del Lotto.

Le riflessioni sulla gestione del denaro nel contesto del gioco del Lotto sono essenziali per garantire un approccio responsabile e sostenibile al gioco d'azzardo. Qui di seguito sono riportati alcuni punti chiave da considerare:

1. Pianificazione finanziaria: La gestione oculata del denaro è fondamentale per mantenere un equilibrio tra il divertimento nel gioco del Lotto e la protezione delle proprie risorse finanziarie. Prima di iniziare a giocare, è importante stabilire un budget dedicato al gioco e rispettarlo rigorosamente. Questo budget dovrebbe essere considerato come una spesa discrezionale e non dovrebbe influenzare i fondi destinati a necessità essenziali come bollette, cibo e alloggio.

2. Risparmio e investimenti: Anche se il gioco del Lotto offre la possibilità di vincite sostanziali, è importante non fare affidamento esclusivamente su di esso per migliorare la propria situazione finanziaria. Invece, considera il denaro destinato al gioco come parte di un piano finanziario più ampio che include risparmio regolare e investimenti mirati a lungo termine. Mantenere un equilibrio tra gioco, risparmio e investimenti può contribuire a garantire una stabilità finanziaria nel lungo termine.

3. Controllo delle perdite: È importante essere consapevoli del fatto che il gioco del Lotto comporta rischi finanziari e che le perdite sono una parte inevitabile del processo. Per evitare di incorrere in perdite eccessive, è consigliabile stabilire limiti di perdita e rispettarli rigorosamente. Se si raggiunge il limite prefissato, è essenziale fermarsi e evitare di cercare di recuperare le perdite attraverso scommesse impulsiva.

4. Flessibilità finanziaria: Nonostante la pianificazione finanziaria, è importante mantenere una certa flessibilità nel proprio approccio al gioco del Lotto. Ciò significa essere disposti a rivedere e adattare il proprio budget e le proprie strategie di gioco in base alle circostanze finanziarie e ai risultati ottenuti nel tempo. Essere flessibili consente di gestire meglio i rischi e le opportunità nel lungo termine.

In conclusione, riflettere sulla gestione del denaro nel contesto del gioco del Lotto è essenziale per garantire un approccio responsabile e sostenibile al gioco d'azzardo. Adottare una pianificazione finanziaria oculata, rispettare i limiti di perdita e mantenere una certa flessibilità finanziaria possono contribuire a proteggere le proprie risorse finanziarie mentre si gode del divertimento offerto dal gioco del Lotto.

V. Approfondimento sulle Tecnologie di Supporto

5.1 Ruolo degli strumenti tecnologici nel migliorare le probabilità di vincita

Nel contesto del gioco del Lotto, gli strumenti tecnologici svolgono un ruolo sempre più importante nel migliorare le probabilità di vincita e nell'ottimizzare le strategie di gioco. Questi strumenti variano da software avanzati a semplici applicazioni per smartphone progettate per analizzare dati storici, generare combinazioni numeriche ottimali e fornire consigli basati su algoritmi sofisticati. Vediamo più nel dettaglio come gli strumenti tecnologici possono influenzare positivamente l'approccio al gioco del Lotto:

1. Analisi dei dati: Gli strumenti tecnologici consentono agli utenti di accedere e analizzare facilmente una vasta quantità di dati storici sulle estrazioni passate del Lotto. Questi dati possono essere utilizzati per identificare tendenze, modelli e frequenze di estrazione che possono influenzare le decisioni di gioco.

2. Generazione di combinazioni: I software specializzati possono generare automaticamente combinazioni numeriche ottimali utilizzando algoritmi matematici avanzati. Queste combinazioni sono progettate per massimizzare le probabilità di vincita basate su varie strategie, come la distribuzione uniforme dei numeri o l'analisi delle serie numeriche.

3. Simulazioni e test: Gli strumenti tecnologici consentono agli utenti di condurre simulazioni e testare diverse strategie di gioco prima di investire denaro reale. Questo permette ai giocatori di valutare l'efficacia delle proprie strategie e di apportare eventuali modifiche prima di impegnare risorse finanziarie.

4. Aggiornamenti in tempo reale: Alcuni strumenti forniscono aggiornamenti in tempo reale sulle estrazioni e sui risultati del Lotto, consentendo ai giocatori di rimanere sempre aggiornati sulle ultime informazioni e di adattare le proprie strategie di conseguenza.

5. Analisi predittiva: Attraverso l'uso di modelli predittivi e algoritmi di intelligenza artificiale, alcuni strumenti possono fornire previsioni sulle future estrazioni del Lotto. Sebbene nessun metodo possa garantire previsioni accurate al 100%, queste analisi possono fornire agli utenti informazioni utili per guidare le proprie decisioni di gioco.

In sintesi, gli strumenti tecnologici offrono ai giocatori del Lotto un vantaggio aggiuntivo nel comprendere e sfruttare al meglio le dinamiche del gioco. Tuttavia, è importante utilizzare questi strumenti in modo responsabile e integrarli con una solida comprensione delle probabilità e delle strategie di gioco.

5.2 Applicazioni mobili e software specializzati per l'analisi statistica

Nel mondo moderno del gioco del Lotto, l'impiego di strumenti tecnologici ha aperto nuove frontiere per migliorare le probabilità di vincita. Le applicazioni mobili come **"Lotto Analyzer"** e **"Lottery Results"** forniscono un accesso immediato ai dati storici delle estrazioni, consentendo ai giocatori di condurre analisi dettagliate dei numeri estratti nel corso del tempo. Ad esempio, utilizzando **"Lotto Analyzer"**, è possibile visualizzare grafici e diagrammi intuitivi che mostrano la frequenza di estrazione di determinati numeri o combinazioni, aiutando i giocatori a identificare tendenze e pattern ricorrenti.

Allo stesso modo, software specializzati come **"Lottery Looper"** e **"Lottery Maximizer"** offrono funzionalità avanzate per l'analisi statistica e la generazione di combinazioni ottimali. Questi strumenti utilizzano algoritmi sofisticati per esaminare i dati storici delle estrazioni e identificare schemi numerici che potrebbero aumentare le probabilità di vincita. Ad esempio, **"Lottery Looper"** utilizza un'ampia gamma di filtri e criteri personalizzabili per generare combinazioni bilanciate e strategicamente ottimizzate.

Oltre all'analisi statistica, le moderne applicazioni e software offrono anche funzionalità interattive e informative. App come **"LotteryHUB"** forniscono notifiche in tempo reale sugli ultimi risultati delle estrazioni, insieme a statistiche e analisi predittive basate su modelli matematici avanzati. Queste funzionalità consentono ai giocatori di rimanere sempre aggiornati e di adattare rapidamente le proprie strategie di gioco in base alle informazioni più recenti disponibili.

Tuttavia, è importante sottolineare che, nonostante l'aiuto fornito dagli strumenti tecnologici, il gioco del Lotto rimane essenzialmente un gioco d'azzardo. Pertanto, è fondamentale utilizzare queste risorse in modo responsabile e integrarle con una solida comprensione delle probabilità di gioco. L'impiego di applicazioni e software dovrebbe essere parte di una strategia più ampia che comprende anche la gestione oculata del budget e una mentalità consapevole nei confronti del gioco d'azzardo.

5.3 Utilizzo di algoritmi di intelligenza artificiale per la predizione delle estrazioni

Negli ultimi anni, l'avvento dell'intelligenza artificiale (IA) ha rivoluzionato il modo in cui affrontiamo il gioco del Lotto. Gli algoritmi di intelligenza artificiale hanno dimostrato di essere strumenti potenti per analizzare grandi quantità di dati storici delle estrazioni e identificare pattern e tendenze nascoste che potrebbero sfuggire all'occhio umano.

Ad esempio, applicazioni come **"LottoPredict"** e **"AI Lotto"** utilizzano modelli avanzati di machine learning per analizzare i dati delle estrazioni passate e predire i numeri più probabili per le estrazioni future. Questi algoritmi possono esaminare una vasta gamma di variabili, come la frequenza di estrazione dei singoli numeri, le combinazioni vincenti precedenti e le correlazioni tra i numeri estratti.

Una tecnica comune utilizzata dagli algoritmi di intelligenza artificiale è la regressione lineare, che cerca di stabilire una relazione matematica tra i numeri estratti e altre variabili rilevanti. Attraverso l'analisi dei dati storici, l'algoritmo può individuare schemi che potrebbero indicare la probabilità di estrazione di determinati numeri in futuro.

Tuttavia, è importante sottolineare che l'utilizzo di algoritmi di intelligenza artificiale per la predizione delle estrazioni del Lotto è soggetto a limitazioni e incertezze. Anche se questi strumenti possono fornire previsioni basate su dati, non esiste alcun metodo infallibile per prevedere con precisione i numeri vincenti. L'aleatorietà del gioco del Lotto rende difficile per qualsiasi algoritmo prevedere con certezza i risultati delle estrazioni future.

Inoltre, è essenziale considerare che le previsioni generate dagli algoritmi di intelligenza artificiale dovrebbero essere interpretate con cautela e integrate con una solida comprensione delle probabilità di gioco. Mentre questi strumenti possono essere utili per orientare le decisioni di gioco, è importante non affidarsi esclusivamente alle previsioni dell'IA e mantenere una mentalità consapevole nei confronti del gioco d'azzardo.

5.4 Siti web e forum dedicati alla condivisione di strategie e analisi

L'era digitale ha reso possibile la creazione di comunità online italiane dove appassionati del Lotto possono scambiarsi idee, strategie e analisi. Siti web e forum specializzati rappresentano risorse inestimabili per chi desidera migliorare le proprie probabilità di vincita attraverso l'apprendimento collaborativo.

Ad esempio, piattaforme come **"LottoItalia.it"** e **"LottoCED.com"** offrono sezioni dedicate alla discussione di metodi di gioco, con thread specifici dove gli utenti possono condividere le loro esperienze con diverse strategie. Su **"LottoItalia.it"**, gli utenti pubblicano frequentemente analisi dettagliate delle estrazioni passate, proponendo modelli e schemi numerici che ritengono possano influenzare le future estrazioni.

Un altro sito popolare, **"LottoAmico.it"**, presenta una comunità attiva di giocatori del Lotto che discutono quotidianamente le loro intuizioni. Questo sito offre anche strumenti interattivi per l'analisi delle probabilità e la previsione dei numeri, come il "Generatore di Numeri del Lotto", che utilizza diversi algoritmi per suggerire combinazioni numeriche.

I forum sono particolarmente utili per scoprire nuove strategie che potrebbero non essere ben documentate altrove. Ad esempio, un membro di **"LottoCED.com"** potrebbe condividere una tecnica innovativa basata su un'analisi statistica personalizzata, mentre un altro potrebbe discutere l'implementazione pratica di sistemi matematici complessi come i quadrati magici o le matrici di Tabel. Queste discussioni non solo ampliano le conoscenze dei partecipanti, ma permettono anche di testare e valutare le strategie in un ambiente collettivo.

Inoltre, i forum spesso organizzano competizioni e sfide tra gli utenti, incentivando l'adozione di approcci innovativi e l'applicazione pratica delle teorie discusse. Ad esempio, una sfida potrebbe consistere nel creare un sistema di scommessa basato su una particolare sequenza numerica e monitorare i risultati nel corso di più estrazioni, permettendo ai partecipanti di confrontare le prestazioni delle loro strategie.

Partecipare a queste comunità online non solo offre l'opportunità di apprendere da altri, ma fornisce anche un ambiente di supporto dove è possibile discutere di esperienze personali e ricevere feedback costruttivi. È importante approcciare questi spazi con una mentalità aperta e critica, valutando attentamente le informazioni condivise e adattando le strategie apprese alle proprie esigenze e obiettivi di gioco.

Infine, ricordiamo che, nonostante l'abbondanza di risorse e la condivisione di strategie avanzate, è essenziale mantenere un approccio responsabile al gioco del Lotto. Utilizzare queste risorse come strumenti per migliorare la propria comprensione delle dinamiche del gioco può essere molto utile, ma è fondamentale non perdere di vista il fatto che il Lotto rimane, alla fine, un gioco di probabilità.

5.5 Monitoraggio in tempo reale delle estrazioni e delle vincite

Nel contesto del gioco del Lotto, avere accesso immediato e costante alle informazioni sulle estrazioni e sulle vincite può fare una significativa differenza nella strategia di gioco. Il monitoraggio in tempo reale consente ai giocatori di rimanere aggiornati sulle ultime estrazioni, analizzare immediatamente i risultati e prendere decisioni informate basate sui dati più recenti.

Numerose piattaforme e applicazioni offrono la possibilità di monitorare in tempo reale le estrazioni del Lotto. Ad esempio, l'app **"MyLotteries"**, disponibile sia per dispositivi iOS che Android, fornisce aggiornamenti istantanei su tutte le estrazioni del Lotto italiano. Questa applicazione invia notifiche push non appena i numeri vengono estratti, permettendo ai giocatori di verificare rapidamente se i loro numeri sono stati vincenti. Inoltre, l'app offre funzionalità per salvare i propri numeri, facilitando la consultazione e l'analisi delle estrazioni passate.

Un'altra risorsa utile è il sito web **"Lottomatica.it"**, che offre un servizio di live streaming delle estrazioni. Qui, gli utenti possono vedere le estrazioni in diretta e ottenere subito i risultati. Lottomatica offre anche strumenti per l'analisi statistica delle estrazioni passate, aiutando i giocatori a identificare tendenze e pattern che potrebbero influenzare le loro scelte future.

Per i giocatori più avanzati, che desiderano integrare il monitoraggio in tempo reale con analisi dettagliate, esistono software specializzati come **"LottoLab"**. Questo software non solo fornisce aggiornamenti in tempo reale sulle estrazioni, ma permette anche di creare grafici e report personalizzati basati sui dati delle estrazioni. Ad esempio, è possibile generare un grafico che mostra la frequenza di estrazione di determinati numeri in un dato periodo di tempo, o un report che analizza le combinazioni numeriche vincenti più comuni.

Un approccio integrato al monitoraggio in tempo reale include anche l'utilizzo di API (Application Programming Interface) offerte da alcuni servizi di Lotto. Queste API permettono agli utenti di creare applicazioni personalizzate che possono ricevere dati in tempo reale direttamente dai server di estrazione. Ad esempio, un giocatore con competenze di programmazione potrebbe sviluppare un'applicazione che invia una notifica sul proprio smartphone ogni volta che uno dei suoi numeri viene estratto.

L'integrazione del monitoraggio in tempo reale nella propria strategia di gioco offre numerosi vantaggi. In primo luogo, permette di reagire rapidamente ai cambiamenti nelle tendenze delle estrazioni. Ad esempio, se un numero specifico inizia a comparire con maggiore frequenza, il giocatore può decidere di includerlo nelle proprie giocate future. Inoltre, il monitoraggio in tempo reale riduce il rischio di errori nella verifica delle vincite, garantendo che i numeri siano controllati immediatamente dopo l'estrazione.

Infine, è importante ricordare che, nonostante la tecnologia possa offrire strumenti avanzati per il monitoraggio e l'analisi, il gioco del Lotto rimane un gioco di fortuna. L'uso di queste tecnologie dovrebbe essere visto come un mezzo per migliorare la propria esperienza di gioco e aumentare leggermente le probabilità di successo, piuttosto che una garanzia di vincita. Un approccio equilibrato e responsabile è fondamentale per evitare delusioni e mantenere il gioco entro limiti sostenibili.

5.6 Il ruolo dei social media nella condivisione di informazioni e strategie

Negli ultimi anni, i social media sono diventati una risorsa fondamentale per i giocatori del Lotto che cercano di migliorare le loro probabilità di vincita. Piattaforme come Facebook, Twitter, Instagram e YouTube offrono spazi dove le persone possono condividere informazioni, discutere strategie e ricevere feedback immediato da una vasta comunità di appassionati del Lotto. Questa condivisione di conoscenze può essere estremamente utile per affinare le proprie tecniche di gioco.

Su **Facebook**, esistono numerosi gruppi dedicati al Lotto dove gli utenti scambiano consigli, condividono risultati di estrazioni e discutono sistemi matematici vincenti. Ad esempio, gruppi come "Amici del Lotto" e "Strategie Lotto Italia" permettono ai membri di postare le loro combinazioni, confrontare metodi di gioco e ricevere suggerimenti da altri giocatori. Questi gruppi spesso ospitano esperti che offrono analisi dettagliate e predizioni basate su dati statistici.

Twitter è un altro canale importante per la condivisione rapida di informazioni. Account come @LottoItalia aggiornano i follower con i risultati delle estrazioni in tempo reale, suggerimenti per le giocate future e notizie rilevanti. Gli hashtag popolari come #LottoItalia e #StrategieLotto aiutano a trovare rapidamente le discussioni più recenti e rilevanti.

YouTube offre un'infinità di contenuti video educativi e di intrattenimento sul Lotto. Canali come "Lotto Italia Channel" e "Strategie per il Lotto" caricano regolarmente tutorial su come utilizzare software di analisi, spiegazioni dettagliate di sistemi complessi e recensioni di nuove strategie di gioco. Questi video permettono ai giocatori di vedere in pratica come applicare le tecniche discusse e di apprendere visivamente, il che può essere molto più efficace rispetto alla sola lettura.

Instagram e **TikTok**, sebbene più visivi e brevi nei contenuti, offrono comunque utili insights attraverso infografiche e brevi video esplicativi. Account dedicati pubblicano regolarmente statistiche sulle estrazioni, suggerimenti di gioco e testimonianze di vincite, mantenendo alta l'attenzione e l'engagement degli utenti.

Un esempio pratico di utilizzo dei social media è la creazione
di **gruppi di scommessa collettiva** su WhatsApp o Telegram.
In questi gruppi privati, piccoli gruppi di giocatori collaborano
per sviluppare e testare strategie, condividendo costi e
potenziali vincite. Questo approccio collaborativo permette di
combinare risorse e competenze, aumentando le probabilità di
successo rispetto al gioco individuale.

Oltre alla condivisione di strategie e risultati, i social media
offrono anche una piattaforma per discutere delle ultime
tendenze tecnologiche nel mondo del Lotto. Ad esempio, l'uso
dell'intelligenza artificiale per la predizione dei numeri vincenti
è un argomento popolare tra i giocatori tecnologicamente più
avanzati. Discussioni su come utilizzare software di
intelligenza artificiale per analizzare dati storici e generare
combinazioni ottimali sono comuni su forum dedicati e gruppi
di discussione.

Un altro vantaggio dei social media è la possibilità di ricevere
supporto emotivo e consigli per una gestione responsabile del
gioco. Gruppi di supporto e discussione possono aiutare i
giocatori a mantenere un approccio equilibrato al gioco,
condividendo esperienze personali e offrendo consigli su come
evitare i rischi associati al gioco d'azzardo.

In conclusione, i social media svolgono un ruolo cruciale nel
mondo del Lotto, fornendo una piattaforma per la condivisione
di informazioni, la discussione di strategie e il supporto
reciproco. Sfruttare queste risorse può significativamente
migliorare le probabilità di vincita, offrendo al contempo una
comunità di supporto e un continuo flusso di informazioni
aggiornate e rilevanti.

5.7 Risorse online per l'apprendimento e lo sviluppo di nuove tecniche

Il panorama digitale offre una vasta gamma di risorse online per l'apprendimento e lo sviluppo di nuove tecniche nel gioco del Lotto. Internet è diventato un luogo dove i giocatori possono trovare informazioni dettagliate, strumenti interattivi e comunità di appassionati che condividono consigli e strategie. L'accesso a queste risorse può fare la differenza tra un approccio casuale e una strategia di gioco ben ponderata e basata su dati.

Una delle risorse più utili sono i **corsi online**. Piattaforme educative come Udemy e Coursera offrono corsi specifici dedicati alla teoria dei numeri e alle tecniche di gioco del Lotto. Questi corsi spesso coprono argomenti come la statistica, le combinazioni, le permutazioni e l'uso di software di analisi. Ad esempio, il corso "Lotto Strategies: Advanced Statistical Techniques" su Udemy offre lezioni su come utilizzare i dati storici per prevedere le estrazioni future, accompagnate da esercitazioni pratiche.

Blog e **siti specializzati** sono altrettanto preziosi. Blog come "Lotto Italia Expert" e "Strategie per Vincere al Lotto" pubblicano regolarmente articoli che approfondiscono vari aspetti del gioco del Lotto, dalle basi matematiche alle tecniche avanzate. Questi blog spesso includono guide passo-passo, analisi di casi di studio e aggiornamenti sulle ultime tendenze nel mondo del Lotto. I giocatori possono imparare nuove strategie e ricevere consigli pratici direttamente da esperti del settore.

Forum online e **gruppi di discussione** rappresentano un'altra risorsa fondamentale. Piattaforme come LottoForum.it e LottoAmico offrono spazi dove i giocatori possono interagire, porre domande e condividere esperienze. Partecipare a queste comunità permette di accedere a una vasta gamma di opinioni e approcci diversi, migliorando così la propria comprensione e strategia di gioco. Questi forum spesso ospitano thread dedicati a specifiche tecniche, come i sistemi ridotti o l'analisi delle frequenze di estrazione, fornendo un'ampia gamma di informazioni utili.

Webinar e **conferenze online** sono un'altra risorsa educativa. Eventi come il "Lotto Strategy Summit" riuniscono esperti del settore che presentano le loro ricerche e strategie innovative. Questi eventi sono spesso disponibili in diretta streaming o come registrazioni, permettendo ai giocatori di apprendere dai migliori senza doversi spostare. I webinar interattivi consentono anche di porre domande agli esperti, ottenendo risposte personalizzate e chiarimenti su argomenti complessi.

Per chi preferisce un approccio visivo, **canali YouTube dedicati** al Lotto offrono una vasta gamma di contenuti educativi. Canali come "Lotto Italia Channel" e "Strategie per il Lotto" caricano video tutorial su come utilizzare software di analisi, spiegazioni dettagliate di sistemi complessi e recensioni di nuove strategie di gioco. Questi video permettono ai giocatori di vedere in pratica come applicare le tecniche discusse e di apprendere visivamente, il che può essere molto più efficace rispetto alla sola lettura.

Applicazioni mobili come LottoStat e Lotto Predictor offrono funzionalità avanzate per l'analisi dei dati e la generazione di combinazioni. Queste app permettono di inserire dati storici, visualizzare grafici di frequenza e utilizzare algoritmi per prevedere le estrazioni future. Alcune app includono anche sezioni educative con guide e suggerimenti per migliorare le proprie tecniche di gioco.

Infine, **eBook** e **guide digitali** sono facilmente accessibili attraverso piattaforme come Amazon Kindle e Google Books. Libri come "Vincere al Lotto: Strategie e Tecniche" di Marco Rossi offrono una raccolta completa di tecniche e strategie, spiegate in modo dettagliato e con esempi pratici. Questi eBook possono essere letti comodamente su qualsiasi dispositivo, permettendo ai giocatori di studiare e migliorare le loro abilità ovunque si trovino.

In conclusione, le risorse online offrono un'infinità di opportunità per l'apprendimento e lo sviluppo di nuove tecniche nel gioco del Lotto. Sfruttando corsi online, blog specializzati, forum, webinar, canali YouTube, applicazioni mobili e eBook, i giocatori possono migliorare significativamente le loro probabilità di vincita, approcciandosi al gioco in modo più strategico e informato.

5.8 Utilizzo di simulatori per testare l'efficacia dei sistemi prima di giocare

L'impiego di simulatori per testare l'efficacia dei sistemi di gioco rappresenta uno degli strumenti più potenti a disposizione dei giocatori di Lotto. I simulatori permettono di valutare la performance di diverse strategie senza rischiare denaro reale, offrendo così un ambiente sicuro per sperimentare e perfezionare le tecniche. Questa sezione esplora come utilizzare al meglio questi strumenti, con esempi pratici e consigli per massimizzare i risultati.

I simulatori di Lotto funzionano generando estrazioni casuali basate su algoritmi che replicano il comportamento dei sorteggi reali. Questo permette di analizzare come un determinato sistema si comporterebbe in condizioni realistiche, offrendo dati preziosi sulla sua efficacia. Ad esempio, utilizzando un simulatore, si può valutare la frequenza con cui un sistema produce vincite e il ritorno sull'investimento (ROI) nel lungo periodo.

Una delle piattaforme più utilizzate per la simulazione è **LottoSimulatore.it**, un sito web che offre un'interfaccia intuitiva per inserire i propri sistemi e verificare i risultati attraverso migliaia di estrazioni simulate. Dopo aver inserito i numeri e le combinazioni del proprio sistema, il simulatore esegue estrazioni multiple, calcolando le vincite e le perdite cumulative. Questo tipo di analisi aiuta a identificare i punti di forza e di debolezza del sistema, fornendo indicazioni su eventuali aggiustamenti necessari.

Un esempio pratico di utilizzo di un simulatore potrebbe coinvolgere un sistema basato sulle frequenze storiche dei numeri. Supponiamo di avere un sistema che prevede l'uso dei cinque numeri più estratti negli ultimi cento sorteggi. Inserendo questi numeri nel simulatore e facendo girare migliaia di estrazioni, possiamo osservare se questa strategia risulta redditizia nel lungo termine. I dati ottenuti dal simulatore potrebbero rivelare che, sebbene i numeri più frequenti offrano qualche vincita, il sistema potrebbe non essere abbastanza robusto da garantire un profitto sostenibile.

Oltre a piattaforme specifiche come LottoSimulatore.it, esistono anche software più avanzati, come **Lotto Pro** e **WinSlip**, che offrono funzionalità di simulazione integrate. Questi programmi permettono di eseguire analisi ancora più approfondite, includendo variabili aggiuntive come i cicli di ritardo e le sequenze numeriche. Ad esempio, Lotto Pro consente di creare e testare sistemi basati su matrici di Tabel, offrendo una visione dettagliata delle prestazioni del sistema attraverso grafici e report statistici.

Un altro vantaggio dell'utilizzo dei simulatori è la possibilità di testare diverse strategie di gestione del denaro. Ad esempio, è possibile simulare l'effetto di una strategia di scommessa progressiva, dove l'importo della puntata aumenta dopo ogni perdita, per recuperare le perdite precedenti. Inserendo questa variabile nel simulatore, si può valutare se tale strategia migliora il ROI complessivo o se aumenta il rischio di esaurire il budget troppo rapidamente.

I simulatori offrono anche la possibilità di confrontare diversi sistemi di gioco fianco a fianco. Ad esempio, un giocatore può testare contemporaneamente un sistema basato sulle frequenze dei numeri e uno basato sulle combinazioni di numeri pari e dispari. Analizzando i risultati delle simulazioni, è possibile determinare quale dei due sistemi offre una maggiore probabilità di vincita e un miglior rendimento economico.

Infine, è importante sottolineare che, sebbene i simulatori siano strumenti potenti, non possono prevedere il futuro con certezza. Il Lotto rimane un gioco d'azzardo, e anche il sistema più raffinato può fallire a causa della natura intrinsecamente aleatoria delle estrazioni. Tuttavia, l'uso di simulatori permette ai giocatori di avvicinarsi al gioco con una base più solida, aumentando le probabilità di successo e minimizzando i rischi.

In conclusione, i simulatori di Lotto rappresentano uno strumento essenziale per chiunque voglia adottare un approccio scientifico e strategico al gioco. Offrono la possibilità di testare e ottimizzare i sistemi di gioco in un ambiente controllato, fornendo dati preziosi che possono migliorare significativamente le probabilità di vincita. Utilizzando piattaforme come LottoSimulatore.it o software avanzati come Lotto Pro, i giocatori possono affinare le proprie tecniche e affrontare il gioco con maggiore sicurezza e consapevolezza.

5.9 Consigli per valutare l'affidabilità delle risorse online

Quando si tratta di migliorare le probabilità di vincita al gioco del Lotto, l'accesso a risorse affidabili e accurate è fondamentale. Con l'abbondanza di informazioni disponibili online, è essenziale saper distinguere tra fonti affidabili e quelle meno credibili. Questo paragrafo offre una guida dettagliata su come valutare l'affidabilità delle risorse online, con esempi pratici e tecniche per garantire che le informazioni utilizzate siano valide e utili.

1. Verifica dell'autore e delle sue credenziali

Il primo passo per valutare l'affidabilità di una risorsa online è controllare l'autore del contenuto. Autori con una solida reputazione e comprovata esperienza nel campo delle statistiche e del Lotto tendono a fornire informazioni più accurate. Ad esempio, articoli e guide scritte da matematici, statistici o esperti di giochi d'azzardo sono generalmente più affidabili. Siti come **LottoCED** e **StatisticheLotto.it** spesso riportano le credenziali degli autori, fornendo una panoramica del loro background e delle loro competenze.

2. Controllo delle fonti citate

Un buon segno di affidabilità è la presenza di fonti citate. Le risorse che fanno riferimento a studi accademici, documenti ufficiali o dati statistici verificabili dimostrano un impegno verso l'accuratezza e la trasparenza. Ad esempio, se un articolo su **LottoMagazine.it** cita uno studio dell'Istituto Nazionale di Statistica (ISTAT) o una pubblicazione accademica, è più probabile che l'informazione sia solida e basata su dati reali.

3. Valutazione delle recensioni e del feedback degli utenti

Le recensioni e i feedback degli utenti possono offrire indicazioni preziose sull'affidabilità di una risorsa. Siti come **Trustpilot** o le sezioni commenti degli articoli di **LottoItalia** permettono agli utenti di condividere le proprie esperienze. Leggere queste recensioni può aiutare a capire se altre persone hanno trovato utile e accurata una determinata risorsa. Tuttavia, è importante fare attenzione ai feedback estremamente positivi o negativi, poiché potrebbero essere manipolati.

4. Analisi della qualità del sito web

La qualità del sito web stesso può essere un indicatore di affidabilità. Siti ben progettati, con un layout chiaro e professionale, tendono ad essere più affidabili. Inoltre, la frequenza degli aggiornamenti è cruciale: risorse che vengono aggiornate regolarmente con nuove informazioni e dati dimostrano un impegno continuo verso la precisione. Ad esempio, **LottoFacile.it** aggiorna frequentemente i propri articoli e le statistiche, garantendo che i lettori abbiano accesso alle informazioni più recenti.

5. Verifica delle affiliazioni e delle collaborazioni

Le affiliazioni e le collaborazioni con enti riconosciuti possono rafforzare la credibilità di una risorsa. Siti che collaborano con istituzioni accademiche, enti governativi o organizzazioni di settore hanno maggiori probabilità di fornire informazioni accurate. Ad esempio, un sito che collabora con università o enti di ricerca, come **Lotto e Statistica**, che lavora con il Politecnico di Milano, offre una garanzia aggiuntiva di affidabilità.

6. Confronto delle informazioni

Confrontare le informazioni provenienti da diverse fonti può
aiutare a verificare la loro accuratezza. Se più fonti
indipendenti riportano dati simili, è più probabile che
l'informazione sia corretta. Ad esempio, confrontare le
previsioni e le analisi di **LottoCED**, **StatisticheLotto.it** e
LottoFacile.it può offrire una visione più chiara e affidabile
delle tendenze e dei pattern numerici.

7. Ricerca di eventuali bias

È importante essere consapevoli di eventuali bias nelle risorse
online. Alcuni siti potrebbero avere un interesse particolare nel
promuovere certi sistemi o strategie per motivi commerciali.
Essere critici e analizzare il contenuto con uno sguardo attento
può aiutare a identificare possibili pregiudizi. Ad esempio, se
un sito spinge insistentemente per l'acquisto di un software
specifico senza fornire prove concrete della sua efficacia,
potrebbe essere segno di un bias commerciale.

8. Esame della trasparenza

La trasparenza è un altro indicatore chiave di affidabilità. Siti
che spiegano chiaramente le metodologie utilizzate per le loro
analisi e previsioni mostrano un impegno verso la trasparenza e
la fiducia. **LottoPro.it**, ad esempio, dettaglia i metodi statistici
e le tecniche utilizzate nei loro articoli, permettendo ai lettori di
comprendere e verificare i processi alla base delle informazioni
fornite.

In conclusione, valutare l'affidabilità delle risorse online
richiede un approccio critico e meticoloso. Utilizzando i
consigli e le tecniche descritti in questo paragrafo, è possibile
distinguere tra fonti valide e quelle meno affidabili, garantendo
che le informazioni utilizzate per migliorare le probabilità di
vincita al Lotto siano accurate e utili.

5.10 Considerazioni sull'uso responsabile della tecnologia nel gioco del Lotto.

L'avanzamento tecnologico ha aperto nuove opportunità per i giocatori del Lotto, offrendo strumenti potenti per l'analisi statistica, la previsione delle estrazioni e la gestione delle scommesse. Tuttavia, come con qualsiasi strumento potente, l'uso responsabile della tecnologia è cruciale per garantire che queste risorse vengano utilizzate in modo etico ed efficace, senza incorrere in comportamenti di gioco d'azzardo problematici. In questo paragrafo, esploreremo le considerazioni chiave per utilizzare la tecnologia in modo responsabile nel contesto del gioco del Lotto.

1. Consapevolezza dei limiti della tecnologia

È importante ricordare che, nonostante i progressi tecnologici, non esistono garanzie di vincita nel Lotto. Gli algoritmi e i software possono aiutare a identificare pattern e tendenze, ma il gioco del Lotto rimane intrinsecamente aleatorio. Utilizzare strumenti come **WinLotto** o **LottoPredictor** può migliorare la comprensione dei numeri, ma è essenziale mantenere aspettative realistiche e non affidarsi completamente a questi strumenti per ottenere risultati garantiti.

2. Impostazione di limiti di tempo e denaro

L'accesso costante a piattaforme di gioco online e applicazioni mobili può facilitare il gioco eccessivo. Per evitare questo rischio, è consigliabile impostare limiti di tempo e di denaro. Ad esempio, molte app di gestione delle scommesse, come **MyLottoApp**, offrono funzionalità per impostare limiti giornalieri o settimanali di spesa e tempo di gioco. Utilizzare queste funzionalità può aiutare a mantenere il gioco entro limiti sostenibili.

3. Monitoraggio e autocontrollo

L'uso di tecnologia avanzata può creare l'illusione di controllo e prevedibilità, portando alcuni giocatori a scommettere più di quanto possano permettersi di perdere. È fondamentale monitorare regolarmente il proprio comportamento di gioco e mantenere un forte senso di autocontrollo. Strumenti di monitoraggio come GambleAware possono fornire report dettagliati sulle abitudini di gioco, aiutando a identificare segnali di gioco problematico.

4. Educazione continua

La tecnologia può evolvere rapidamente, e con essa, le strategie di gioco e gli strumenti disponibili. Mantenersi informati sulle ultime novità e sviluppi è essenziale per un uso responsabile della tecnologia. Partecipare a webinar, leggere articoli aggiornati su siti come **LottoStat.it** e **LottoNews** e seguire esperti del settore sui social media può fornire informazioni preziose per un gioco responsabile.

5. Bilanciamento tra gioco e altre attività

L'accessibilità del gioco del Lotto attraverso la tecnologia può portare a una diminuzione del tempo dedicato ad altre attività importanti. È importante mantenere un equilibrio sano tra il gioco e altre aree della vita, come il lavoro, la famiglia e gli hobby. Pianificare il tempo in modo equilibrato e diversificare le attività può aiutare a prevenire il gioco eccessivo.

6. Consulenza professionale

Se si sospetta di avere problemi con il gioco d'azzardo, è
importante cercare aiuto professionale. Molte organizzazioni
offrono supporto e consulenza per problemi di gioco. Ad
esempio, il **Centro Nazionale Dipendenze e Doping** in Italia
fornisce risorse e supporto per chi affronta problemi di gioco
d'azzardo. Utilizzare la tecnologia per accedere a queste risorse
e ottenere supporto può fare una grande differenza.

7. Trasparenza e responsabilità

Utilizzare la tecnologia in modo responsabile implica anche
una comunicazione trasparente con amici e familiari riguardo
alle proprie abitudini di gioco. Mantenere aperta la
comunicazione può aiutare a ricevere supporto e consigli, oltre
a creare un ambiente di responsabilità condivisa. Discutere le
strategie e i limiti con persone di fiducia può fornire un
ulteriore livello di protezione contro il gioco problematico.

8. Verifica delle informazioni

La tecnologia ha reso più facile l'accesso a una vasta gamma di
informazioni e strategie di gioco. Tuttavia, non tutte le
informazioni online sono accurate o affidabili. È fondamentale
verificare le fonti e la qualità delle informazioni prima di
applicarle alle proprie strategie di gioco. Utilizzare risorse
affidabili come **LottoCED** o **StatisticheLotto.it** può garantire
che le informazioni siano basate su dati reali e analisi accurate.

9. Utilizzo di strumenti di autoesclusione

Molti siti di gioco e app mobili offrono strumenti di autoesclusione che consentono ai giocatori di bloccare l'accesso ai servizi di gioco per un periodo di tempo specifico. Questi strumenti possono essere utili per prevenire il gioco impulsivo e dare ai giocatori il tempo di riflettere sulle loro abitudini di gioco. Ad esempio, piattaforme come **Lottomatica** offrono opzioni di autoesclusione temporanea o permanente.

10. Sviluppo di abitudini di gioco sane

Infine, sviluppare abitudini di gioco sane è essenziale per l'uso responsabile della tecnologia. Stabilire una routine di gioco che includa pause regolari, riflessione sulle perdite e valutazione delle strategie può aiutare a mantenere il gioco sotto controllo. Adottare un approccio disciplinato e riflessivo al gioco del Lotto può migliorare l'esperienza complessiva e ridurre il rischio di problemi di gioco.

In conclusione, l'uso responsabile della tecnologia nel gioco del Lotto richiede consapevolezza, autocontrollo e una valutazione critica delle risorse e delle strategie utilizzate. Seguendo questi consigli, è possibile sfruttare i vantaggi offerti dalla tecnologia senza compromettere il benessere personale e finanziario.

VI. Approccio Psicologico al Gioco

6.1 L'impatto delle emozioni sulle decisioni di gioco

Le decisioni di gioco nel Lotto, come in qualsiasi forma di scommessa, sono spesso influenzate da emozioni intense. L'emozione può essere un motore potente che spinge i giocatori a fare scelte che non avrebbero considerato razionalmente. Comprendere l'impatto delle emozioni sulle decisioni di gioco è cruciale per sviluppare strategie efficaci e mantenere un approccio disciplinato e vincente.

1. L'euforia della vittoria

Una delle emozioni più potenti nel contesto del Lotto è l'euforia della vittoria. Quando un giocatore vince, anche se solo una piccola somma, l'ondata di gioia e soddisfazione può indurlo a giocare di più, credendo di essere in un "momento fortunato". Questa sensazione, però, può offuscare il giudizio e portare a scommesse impulsive e poco ponderate.

Esempio pratico: Marco, dopo aver vinto 50 euro, decide di reinvestire immediatamente tutta la somma in nuovi biglietti del Lotto, convinto che la sua fortuna continuerà. Purtroppo, finisce per perdere tutto, dimostrando come l'euforia possa influenzare negativamente le decisioni di gioco.

2. La frustrazione della perdita

All'opposto dell'euforia, la frustrazione e la delusione causate
da una serie di perdite possono spingere i giocatori a cercare di
recuperare le somme perse con scommesse sempre più
rischiose. Questo comportamento, noto come "perseguimento
delle perdite", è estremamente pericoloso e spesso porta a
perdite ancora maggiori.

Esempio pratico: Lucia perde 100 euro in diverse estrazioni
consecutive. Determinata a recuperare il denaro perso, aumenta
la sua puntata nella speranza di una grande vincita. Invece di
recuperare, però, finisce per perdere ulteriori 200 euro.

3. L'ansia e l'impulsività

L'ansia e l'impulsività sono emozioni che possono emergere
quando i giocatori sentono la pressione di prendere decisioni
rapide, soprattutto quando partecipano a estrazioni con
scadenze ravvicinate. Questa fretta può portare a scelte mal
ponderate e a scommesse non basate su analisi statistiche
accurate.

Esempio pratico: Giovanni, preso dall'ansia di non perdere
un'estrazione imminente, sceglie numeri casuali senza riflettere
o analizzare le statistiche. Questo approccio impulsivo
diminuisce le sue probabilità di vincita.

4. La speranza e l'ottimismo

La speranza e l'ottimismo possono motivare i giocatori a
continuare a partecipare al Lotto, anche quando le probabilità
non sono a loro favore. Sebbene un atteggiamento positivo
possa essere utile, un eccesso di ottimismo può portare a una
mancanza di realismo nelle aspettative e nelle decisioni di
gioco.

Esempio pratico: Elena è convinta che, prima o poi, vincerà una grossa somma. Ogni settimana investe una parte significativa del suo stipendio nei biglietti del Lotto, ignorando le basse probabilità di vincita. Questo eccesso di speranza può compromettere la sua stabilità finanziaria a lungo termine.

5. Il ruolo della razionalità

Per contrastare l'influenza delle emozioni, è fondamentale adottare un approccio razionale e strategico. Questo include l'analisi statistica dei numeri, l'impostazione di limiti di spesa e l'aderenza a un piano di gioco disciplinato. L'utilizzo di strumenti tecnologici e applicazioni, come discusso nei capitoli precedenti, può supportare i giocatori nel mantenere un approccio basato sui dati piuttosto che sulle emozioni.

6. Tecniche per gestire le emozioni

Esistono diverse tecniche che i giocatori possono utilizzare per gestire le emozioni e mantenere il controllo durante il gioco. Queste includono la pratica della mindfulness, che aiuta a rimanere concentrati e presenti, e l'uso di tecniche di respirazione per ridurre l'ansia. Inoltre, parlare con amici o familiari delle proprie esperienze di gioco può offrire supporto emotivo e aiutare a mantenere un punto di vista equilibrato.

In conclusione, riconoscere e comprendere l'impatto delle emozioni sulle decisioni di gioco è essenziale per adottare un approccio strategico e disciplinato al Lotto. Sviluppare consapevolezza emotiva e utilizzare tecniche per gestire le emozioni può migliorare significativamente le probabilità di prendere decisioni informate e responsabili, aumentando così le possibilità di vincita nel lungo termine.

6.2 Gestione dello stress e dell'ansia legati al gioco del Lotto

Giocare al Lotto può essere un'attività emozionante, ma è importante riconoscere che può anche generare stress e ansia, soprattutto quando ci sono aspettative di vincita elevate o perdite frequenti. La gestione dello stress e dell'ansia è cruciale per mantenere un equilibrio emotivo e prendere decisioni di gioco ponderate e responsabili. Questo paragrafo esplorerà varie tecniche e strategie per gestire queste emozioni.

1. Riconoscere i segnali di stress e ansia

Il primo passo per gestire lo stress e l'ansia è riconoscerne i segnali. Sintomi comuni di stress legati al gioco includono tensione muscolare, insonnia, irritabilità, difficoltà di concentrazione e preoccupazione costante per le perdite o le possibili vincite. Essere consapevoli di questi segnali può aiutare a intervenire tempestivamente e adottare strategie di gestione.

Esempio pratico: Maria, una giocatrice accanita, nota che spesso non riesce a dormire la notte prima delle estrazioni. Questa consapevolezza le permette di riconoscere che il gioco sta influenzando negativamente la sua vita quotidiana.

2. Tecniche di rilassamento

Le tecniche di rilassamento possono essere estremamente efficaci per ridurre lo stress e l'ansia. Queste includono esercizi di respirazione profonda, meditazione, yoga e altre pratiche che aiutano a calmare la mente e rilassare il corpo. Praticare queste tecniche regolarmente può migliorare il benessere generale e ridurre l'impatto negativo delle emozioni legate al gioco.

Esempio pratico: Giovanni dedica 10 minuti ogni giorno alla meditazione guidata. Nota che questo lo aiuta a sentirsi più calmo e concentrato, riducendo l'ansia legata alle decisioni di gioco.

3. Impostare limiti di gioco

Un modo efficace per gestire lo stress e l'ansia è impostare limiti chiari e realistici per il tempo e il denaro da dedicare al gioco del Lotto. Stabilire un budget settimanale o mensile e rispettarlo rigorosamente può prevenire il sovraccarico emotivo e finanziario. Inoltre, pianificare delle pause regolari dal gioco può aiutare a mantenere una prospettiva equilibrata.

Esempio pratico: Luca decide di dedicare solo 20 euro al mese al Lotto e di giocare solo una volta alla settimana. Questo approccio gli permette di godere del gioco senza sentirsi sopraffatto o in ansia per le perdite.

4. Cercare supporto sociale

Parlare con amici, familiari o altri giocatori può offrire un sostegno emotivo prezioso. Condividere esperienze e strategie di gioco può ridurre la sensazione di isolamento e fornire nuove prospettive. Partecipare a gruppi di supporto o forum online dedicati ai giocatori del Lotto può essere un modo efficace per trovare consigli e incoraggiamento.

Esempio pratico: Chiara partecipa a un gruppo di supporto online per giocatori del Lotto. Le discussioni con altri membri la aiutano a sentirsi compresa e a gestire meglio le sue emozioni legate al gioco.

5. Bilanciare il gioco con altre attività

Mantenere un equilibrio tra il gioco del Lotto e altre attività è fondamentale per prevenire lo stress e l'ansia. Dedicare tempo a hobby, sport, attività sociali e familiari può migliorare il benessere generale e ridurre l'attenzione eccessiva sul gioco. Un approccio equilibrato permette di godere del Lotto senza che questo diventi l'unico focus della propria vita.

Esempio pratico: Marco alterna il gioco del Lotto con le sue passioni per la corsa e la lettura. Questo equilibrio lo aiuta a mantenere una mente sana e a ridurre l'ansia legata al gioco.

6. Consultare un professionista

Se lo stress e l'ansia legati al gioco del Lotto diventano eccessivi e difficili da gestire, può essere utile consultare un professionista della salute mentale. Psicologi, terapeuti o counselor possono offrire supporto e strategie personalizzate per affrontare le emozioni negative e sviluppare abitudini di gioco più sane.

Esempio pratico: Silvia, che si sente sopraffatta dalla sua ansia legata al gioco, decide di parlare con uno psicologo. Attraverso la terapia, impara tecniche di gestione dello stress e sviluppa un approccio più equilibrato al Lotto.

In conclusione, gestire lo stress e l'ansia legati al gioco del Lotto è essenziale per mantenere un equilibrio emotivo e prendere decisioni ponderate. Riconoscere i segnali di stress, adottare tecniche di rilassamento, impostare limiti di gioco, cercare supporto sociale, bilanciare il gioco con altre attività e, se necessario, consultare un professionista sono passi fondamentali per garantire un'esperienza di gioco positiva e sostenibile.

6.3 Ruolo dell'ottimismo realistico nella determinazione delle aspettative

Nel gioco del Lotto, l'ottimismo realistico svolge un ruolo significativo nella determinazione delle aspettative dei giocatori. Questo concetto si riferisce alla capacità di mantenere una visione positiva del futuro, pur mantenendo un'adeguata comprensione della realtà e delle probabilità coinvolte nel gioco. In altre parole, gli individui ottimisti realistici tendono a sperare in una vincita, ma sono consapevoli che le possibilità di successo sono basse e che il gioco comporta anche rischi di perdita.

1. Mantenere la motivazione

L'ottimismo realistico può essere un potente motore di motivazione. I giocatori che mantengono una visione positiva delle loro possibilità di vincita sono più inclini a investire tempo ed energia nel perseguimento dei loro obiettivi nel gioco del Lotto. Questo atteggiamento ottimistico può alimentare la perseveranza e la determinazione, incoraggiando i giocatori a rimanere coinvolti nel gioco anche durante periodi di sconfitta.

Esempio pratico: Giulia, una giocatrice abituale, continua a giocare nonostante non abbia ancora vinto un premio importante. Il suo ottimismo realistico le permette di rimanere motivata, convinta che la sua fortuna possa cambiare nel tempo.

2. Gestire le aspettative in modo realistico

Un aspetto chiave dell'ottimismo realistico è la capacità di gestire le aspettative in modo equilibrato. I giocatori ottimisti realistici comprendono che, nonostante le loro speranze di vincita, le probabilità di successo sono generalmente basse nel gioco del Lotto. Questa consapevolezza li aiuta a evitare delusioni eccessive e a mantenere una prospettiva realistica sulle proprie possibilità di vincita.

Esempio pratico: Paolo ha una visione positiva del Lotto e si aspetta che la fortuna possa sorridergli in futuro. Tuttavia, è consapevole che le probabilità di vincita sono basse e che il gioco comporta rischi finanziari. Pertanto, gestisce le sue aspettative in modo realistico, evitando di investire più denaro di quanto possa permettersi di perdere.

3. Affrontare le sconfitte con resilienza

L'ottimismo realistico può anche aiutare i giocatori a affrontare le sconfitte con resilienza. Quando le cose non vanno come previsto nel gioco del Lotto, i giocatori ottimisti realistici sono in grado di mantenere una prospettiva positiva e di imparare dagli errori. Questo atteggiamento permette loro di adattarsi alle circostanze mutevoli e di continuare a giocare in modo costruttivo.

Esempio pratico: Marta, nonostante abbia perso diverse volte di fila, rimane ottimista sulle sue future possibilità di vincita. Ogni volta che perde, prende nota delle strategie che ha utilizzato e cerca di migliorare il suo approccio per il futuro.

In conclusione, l'ottimismo realistico svolge un ruolo importante nella determinazione delle aspettative dei giocatori nel gioco del Lotto. Mantenendo una visione positiva del futuro, ma mantenendo una comprensione realistica delle probabilità e dei rischi coinvolti, i giocatori possono mantenere la motivazione, gestire le aspettative in modo equilibrato e affrontare le sconfitte con resilienza.

6.4 Tecniche di mindfulness per mantenere la calma durante le estrazioni

Nel contesto del gioco del Lotto, dove l'attesa dell'estrazione dei numeri vincenti può generare ansia e agitazione, l'uso di tecniche di mindfulness può essere estremamente utile per mantenere la calma e affrontare il processo con serenità. La mindfulness è una pratica che si concentra sull'essere consapevoli del momento presente, accettando i pensieri, le emozioni e le sensazioni corporee senza giudizio. Qui di seguito esploreremo alcune tecniche di mindfulness specifiche che i giocatori possono adottare durante le estrazioni del Lotto:

1. Respirazione consapevole

Una delle tecniche di mindfulness più semplici ed efficaci è la respirazione consapevole. Durante l'estrazione dei numeri, i giocatori possono concentrarsi sulla propria respirazione, osservando il movimento del respiro mentre entra e esce dal corpo. Questo aiuta a ridurre lo stress e a mantenere la mente concentrata sul momento presente, anziché sulle preoccupazioni riguardanti il risultato dell'estrazione.

Esempio pratico: Marco, mentre aspetta l'estrazione, pratica la respirazione consapevole: inspira profondamente contando fino a quattro, trattiene il respiro per altri quattro secondi e poi espira lentamente. Ripete questo ciclo finché non si sente più calmo e centrato.

2. Scansionamento del corpo

Un'altra tecnica utile è lo scansionamento del corpo, che coinvolge l'osservazione delle sensazioni fisiche presenti in diverse parti del corpo. Durante l'estrazione, i giocatori possono dedicare alcuni istanti a scandire mentalmente il proprio corpo, notando eventuali tensioni o sensazioni di disagio e cercando di rilassare consapevolmente quelle aree.

Esempio pratico: Laura, mentre aspetta l'estrazione, dedica qualche istante a scansionare il suo corpo mentalmente. Riconosce la tensione nelle spalle e nella mascella e, con consapevolezza, rilassa quelle zone cercando di liberare la tensione accumulata.

3. Pratica della gratitudine

Infine, la pratica della gratitudine può aiutare i giocatori a mantenere una prospettiva positiva durante l'estrazione dei numeri. Anziché concentrarsi esclusivamente sul desiderio di vincere, i giocatori possono dedicare del tempo a riflettere su ciò per cui sono grati nella loro vita. Questo aiuta a mettere in prospettiva il gioco del Lotto e a ridurre l'ansia legata al risultato dell'estrazione.

Esempio pratico: Sofia, prima dell'estrazione, prende un momento per riflettere su ciò per cui è grata nella sua vita: la sua famiglia, la sua salute, le sue passioni. Questo esercizio le permette di mantenere una prospettiva equilibrata e di affrontare l'estrazione con maggiore serenità.

In conclusione, l'uso di tecniche di mindfulness durante le estrazioni del Lotto può aiutare i giocatori a mantenere la calma, a ridurre lo stress e a mantenere una prospettiva equilibrata sul gioco. Integrare queste pratiche nella routine di gioco può favorire una partecipazione più consapevole e gratificante.

6.5 Analisi delle distorsioni cognitive nel contesto del gioco d'azzardo

Nel contesto del gioco d'azzardo, le distorsioni cognitive possono influenzare significativamente le decisioni dei giocatori, portandoli a fare scelte irrazionali e a interpretare in modo distorto le informazioni legate al gioco. Queste distorsioni possono avere un impatto negativo sulle probabilità di vincita e sulle esperienze di gioco complessive. Qui di seguito esploreremo alcune delle distorsioni cognitive più comuni nel contesto del gioco d'azzardo e come riconoscerle:

1. Illusione del controllo

L'illusione del controllo si verifica quando i giocatori sovrastimano la propria capacità di influenzare il risultato del gioco, anche quando questo è chiaramente basato sul caso. Ad esempio, un giocatore potrebbe credere che toccare una determinata parte della schedina o seguire una sequenza specifica di azioni possa aumentare le probabilità di vincita al Lotto. In realtà, il gioco del Lotto è completamente casuale e non influenzabile da fattori esterni.

2. Effetto da gioco d'azzardo vicino alla vittoria

Questo fenomeno si verifica quando i giocatori attribuiscono
troppa importanza alle situazioni in cui sono vicini alla vittoria,
anche se la probabilità effettiva di vincita rimane la stessa. Ad
esempio, un giocatore potrebbe sentirsi particolarmente
entusiasta quando manca solo un numero per vincere al Lotto,
anche se la probabilità di vincita rimane bassa,
indipendentemente dalla vicinanza al risultato desiderato.

3. Ottimismo irrealistico

L'ottimismo irrealistico porta i giocatori a sovrastimare le
proprie probabilità di vincita e a sottovalutare i rischi associati
al gioco d'azzardo. Ad esempio, un giocatore potrebbe essere
convinto di avere una "fortuna speciale" o di essere destinato a
vincere, nonostante le probabilità matematiche siano contro di
lui. Questa distorsione può portare a comportamenti di gioco
imprudenti e a perdite finanziarie significative.

4. Effetto retrospettivo

L'effetto retrospettivo si verifica quando i giocatori interpretano
retrospettivamente gli eventi passati in modo da far sembrare
che fosse prevedibile il loro risultato. Ad esempio, un giocatore
potrebbe pensare di aver predetto correttamente i numeri
vincenti dopo l'estrazione, anche se in realtà ha scelto quei
numeri casualmente o basandosi su supposizioni non fondate.

Riconoscere queste distorsioni cognitive è essenziale per
adottare un approccio più razionale e consapevole al gioco
d'azzardo. Integrare questa consapevolezza nelle proprie
decisioni di gioco può aiutare i giocatori a ridurre le perdite
finanziarie e a mantenere un atteggiamento più equilibrato nei
confronti del gioco.

6.6 Costruzione di una mentalità resilient per affrontare le perdite

Affrontare le perdite nel gioco d'azzardo è una parte inevitabile dell'esperienza del giocatore, ma sviluppare una mentalità resiliente può aiutare a gestire queste situazioni in modo più costruttivo. Ecco alcuni suggerimenti pratici per costruire una mentalità resiliente e affrontare le perdite nel gioco del Lotto:

1. Accetta l'incertezza:

Riconosci che il gioco del Lotto è intrinsecamente casuale e che le perdite sono una parte naturale del processo. Accettare l'incertezza può aiutare a ridurre lo stress e l'ansia associati alle perdite, consentendoti di mantenere una prospettiva più equilibrata.

2. Focalizzati sul controllo delle emozioni:

Pratica tecniche di gestione dello stress e dell'ansia, come la respirazione profonda, la meditazione o lo yoga. Queste attività possono aiutarti a mantenere la calma durante le situazioni stressanti e a evitare reazioni impulsive o irrazionali.

3. Impara dagli errori:

Piuttosto che lasciarti travolgere dalle perdite, cerca di imparare da esse. Analizza le tue scelte di gioco e identifica eventuali errori o aree in cui potresti migliorare. Questo ti permetterà di sviluppare una strategia più efficace per il futuro e di ridurre le probabilità di fare gli stessi errori.

4. Crea una rete di supporto:

Parla con amici, familiari o un consulente di gioco d'azzardo se senti di avere difficoltà a gestire le perdite. Condividere le tue esperienze con altri può offrire prospettive diverse e fornire un sostegno emotivo prezioso durante i momenti difficili.

5. Mantieni una prospettiva a lungo termine:

Ricorda che il gioco del Lotto è un'attività a lungo termine e che le perdite occasionali non devono compromettere il tuo obiettivo finale. Concentrati sulle strategie a lungo termine per aumentare le probabilità di vincita e non lasciare che le perdite temporanee influenzino la tua determinazione.

6. Diversifica le attività di svago:

Non fare del gioco del Lotto la tua unica fonte di intrattenimento o di gratificazione. Coinvolgiti in una varietà di attività che ti interessano e che ti portano gioia al di fuori del contesto del gioco d'azzardo. Questo ti aiuterà a mantenere un equilibrio nella tua vita e a ridurre l'importanza eccessiva data al gioco.

Cultivare una mentalità resiliente è fondamentale per affrontare le sfide che il gioco d'azzardo può presentare. Integrando queste strategie nella tua vita quotidiana, sarai in grado di gestire le perdite con più tranquillità e di mantenere un atteggiamento positivo nel perseguire le tue aspirazioni nel gioco del Lotto.

6.7 Consapevolezza dei bias decisionali e come evitarli

Nel contesto del gioco del Lotto, è fondamentale essere consapevoli dei bias decisionali, ovvero quei pattern di pensiero che possono influenzare le nostre scelte in modo irrazionale e prevedibile. Riconoscere questi bias e imparare a evitarli può migliorare la qualità delle nostre decisioni di gioco e aumentare le probabilità di successo. Di seguito sono riportati alcuni dei bias decisionali più comuni e le strategie per evitarli:

1. Bias della conferma:

Il bias della conferma si verifica quando tendiamo a cercare, interpretare e ricordare le informazioni in modo che confermino le nostre convinzioni preesistenti. Ad esempio, potremmo essere inclini a considerare solo i dati che supportano la validità di una particolare strategia di gioco del Lotto, ignorando quelli che la contraddicono. Per evitare questo bias, è importante essere aperti alle informazioni contrarie e valutare in modo obiettivo tutte le prove disponibili prima di prendere una decisione.

2. Bias dell'ancoraggio:

Il bias dell'ancoraggio si verifica quando diamo troppo peso a una singola informazione (come un numero "fortunato" o una strategia vincente passata) e ignoriamo altre fonti di dati rilevanti. Per contrastare questo bias, è utile prendere in considerazione una varietà di fattori e non basare le nostre decisioni esclusivamente su un singolo punto di riferimento. Ad esempio, anziché concentrarsi su un solo numero fortunato, è consigliabile utilizzare una strategia di gioco più ampia e basata su dati statistici.

3. Bias dell'ottimismo:

Il bias dell'ottimismo si manifesta quando sopravvalutiamo le nostre probabilità di successo e sottovalutiamo i rischi associati a una determinata decisione. Nel contesto del gioco del Lotto, potremmo essere inclini a credere che avremo più successo di quanto sia statisticamente probabile, portandoci a investire più denaro di quanto ci possiamo permettere o a ignorare segnali di avvertimento riguardanti i rischi del gioco d'azzardo. Per evitare questo bias, è importante essere realistici riguardo alle nostre probabilità di vincita e adottare una strategia di gioco responsabile.

4. Bias della disponibilità:

Il bias della disponibilità si verifica quando valutiamo la probabilità di un evento in base a quanto sia facile ricordare esempi rilevanti. Nel contesto del gioco del Lotto, potremmo sovrastimare le probabilità di vincita basandoci su storie di successo personali o su vittorie riportate dai media, senza considerare adeguatamente la frequenza reale degli eventi. Per contrastare questo bias, è importante fare riferimento a dati statistici affidabili e non lasciarsi influenzare troppo da singoli casi o da narrazioni mediatiche.

5. Bias dell'effetto ostrica:

Il bias dell'effetto ostrica si verifica quando ignoriamo o minimizziamo le informazioni negative che potrebbero influenzare le nostre decisioni. Nel contesto del gioco del Lotto, potremmo essere inclini a ignorare segnali di avvertimento riguardanti i rischi del gioco d'azzardo o a minimizzare le perdite subite, concentrando invece l'attenzione solo sulle vittorie passate. Per evitare questo bias, è importante essere onesti con se stessi riguardo alle conseguenze delle proprie azioni e prendere decisioni basate su dati obiettivi piuttosto che su sentimenti o convinzioni personali.

Essere consapevoli dei bias decisionali e delle loro implicazioni nel contesto del gioco del Lotto è essenziale per prendere decisioni informate e razionali. Integrando queste strategie nella tua pratica di gioco, sarai in grado di migliorare la qualità delle tue decisioni e aumentare le probabilità di successo nel lungo termine.

6.8 Il ruolo della fortuna e della casualità nel gioco del Lotto

Nel vasto panorama del gioco del Lotto, la fortuna e la casualità svolgono un ruolo significativo e insostituibile. Nonostante tutti gli sforzi per applicare strategie matematiche e analisi statistiche, è importante riconoscere che la fortuna continua a essere un fattore determinante nei risultati delle estrazioni.

La fortuna come variabile imprevedibile:

La fortuna è una variabile imprevedibile che può influenzare in modo significativo l'esito delle estrazioni. Anche se è possibile adottare strategie per aumentare le probabilità di vincita, è importante comprendere che il risultato finale rimane soggetto a fattori casuali che sfuggono al nostro controllo. Ad esempio, un giocatore che ha scelto una serie di numeri in modo casuale potrebbe vincere una somma considerevole senza aver applicato alcuna strategia specifica, mentre un altro giocatore che ha seguito rigorose strategie matematiche potrebbe non ottenere alcun successo.

L'importanza della casualità nel gioco del Lotto:

La casualità è una caratteristica intrinseca del gioco del Lotto che lo rende avvincente e imprevedibile. Le estrazioni sono basate su processi casuali che non possono essere influenzati o predetti con certezza assoluta. Questa imprevedibilità è ciò che attira molti giocatori, poiché ogni estrazione offre l'opportunità di sperimentare l'emozione dell'ignoto e di sperare in un colpo di fortuna.

La ricerca dell'equilibrio tra strategia e fortuna:

Sebbene la fortuna giochi un ruolo predominante nel determinare i risultati delle estrazioni, ciò non significa che le strategie matematiche siano prive di valore. Al contrario, l'obiettivo è trovare un equilibrio tra l'adozione di strategie razionali e il riconoscimento dell'importanza della fortuna nel gioco del Lotto. Ad esempio, utilizzare sistemi ridotti o combinazioni intelligenti può aumentare le probabilità di vincita, ma è essenziale essere consapevoli che, alla fine, il risultato dipenderà anche dalla casualità delle estrazioni.

Accettare l'incertezza e godersi il processo:

Nel tentativo di massimizzare le probabilità di successo, è importante anche accettare l'incertezza e godersi il processo di partecipazione al gioco del Lotto. La ricerca della fortuna e l'esperienza dell'emozione nel seguire le estrazioni possono essere fonte di intrattenimento e divertimento, indipendentemente dall'esito finale. In questo modo, anche in caso di risultati negativi, il gioco rimane un'esperienza gratificante e appagante.

In conclusione, la fortuna e la casualità rimangono elementi centrali nel gioco del Lotto, eppure, attraverso l'applicazione di strategie intelligenti e una comprensione equilibrata del ruolo di questi fattori, è possibile aumentare le proprie probabilità di successo e godersi appieno l'emozione del gioco.

6.9 Strategie per mantenere un approccio razionale e disciplinato

Nel contesto del gioco del Lotto, mantenere un approccio razionale e disciplinato è fondamentale per massimizzare le probabilità di successo e gestire in modo efficace le risorse disponibili. Qui di seguito sono presentate alcune strategie pratiche per mantenere la calma e la lucidità durante il gioco:

1. Stabilire un budget fisso:

Prima di iniziare a giocare, è essenziale stabilire un budget fisso e rispettarlo rigorosamente. Questo budget dovrebbe essere una somma di denaro che ci si può permettere di perdere senza compromettere il proprio benessere finanziario. Una volta fissato il budget, è importante attenersi ad esso e evitare di superarlo anche in caso di tentazioni.

2. Tenere un registro delle giocate:

Mantenere un registro dettagliato delle giocate effettuate può essere estremamente utile per valutare le proprie strategie e identificare eventuali pattern o tendenze nel proprio approccio al gioco. Questo registro dovrebbe includere informazioni come i numeri giocati, l'importo scommesso e i risultati delle estrazioni.

3. Evitare le decisioni impulsiva:

Durante il gioco, è importante evitare decisioni impulsiva e irrazionali che possono essere dettate dalle emozioni del momento. Prima di effettuare una giocata, prendersi il tempo necessario per valutare razionalmente le proprie opzioni e considerare attentamente le probabilità di successo.

4. Focalizzarsi sul lungo termine:

Mantenere una prospettiva a lungo termine può aiutare a evitare reazioni eccessive alle perdite temporanee e a concentrarsi sugli obiettivi a lungo raggio. Piuttosto che lasciarsi influenzare dalle fluttuazioni giornaliere, è importante mantenere la fiducia nelle proprie strategie e continuare a seguire un approccio disciplinato nel lungo periodo.

5. Praticare la mindfulness e la gestione dello stress:

La mindfulness e la gestione dello stress possono aiutare a mantenere la calma e la lucidità durante le situazioni di gioco intense. Pratiche come la meditazione, la respirazione consapevole e la visualizzazione positiva possono contribuire a ridurre lo stress e ad aumentare la concentrazione e la lucidità mentale.

6. Consultare fonti affidabili:

Quando si cercano informazioni o consigli sul gioco del Lotto, è importante consultare fonti affidabili e autorevoli. Evitare di basarsi su informazioni non verificate o su promesse irrealistiche di successo garantito e fare sempre riferimento a fonti di informazione attendibili e obiettive.

7. Riconoscere i propri limiti:

Infine, è importante essere consapevoli dei propri limiti e accettare che non sempre si può vincere. A volte, il gioco del Lotto può essere imprevedibile e non sempre le strategie adottate porteranno al successo. È importante essere pronti ad accettare le sconfitte con equilibrio emotivo e a imparare dagli errori per migliorare le proprie strategie in futuro.

Mantenere un approccio razionale e disciplinato al gioco del Lotto è essenziale per massimizzare le probabilità di successo e gestire in modo efficace le risorse finanziarie e mentali. Seguire queste strategie può aiutare i giocatori a mantenere la calma, a prendere decisioni informate e a godere appieno dell'esperienza di gioco in modo responsabile.

6.10 Importanza del benessere emotivo nel perseguire il gioco responsabile

Il benessere emotivo riveste un ruolo fondamentale nel perseguire il gioco responsabile e nel mantenere un approccio sano e equilibrato al gioco del Lotto. Qui di seguito sono presentati alcuni punti chiave che evidenziano l'importanza del benessere emotivo in questo contesto:

1. Equilibrio emotivo e razionalità:

Mantenere un equilibrio emotivo è essenziale per prendere decisioni informate e razionali durante il gioco del Lotto. L'instabilità emotiva può portare a scelte impulsiva e irrazionali, compromettendo così la capacità di valutare correttamente le probabilità e gestire in modo efficace le risorse finanziarie.

2. Riduzione dello stress e dell'ansia:

Lo stress e l'ansia legati al gioco possono avere un impatto significativo sul benessere emotivo dei giocatori. Praticare tecniche di rilassamento come la meditazione, la respirazione profonda e lo yoga può aiutare a ridurre lo stress e l'ansia, migliorando così la capacità di mantenere la calma e la lucidità durante le sessioni di gioco.

3. Accettazione delle perdite:

L'accettazione delle perdite è un aspetto cruciale del benessere emotivo nel gioco del Lotto. È importante comprendere che le sconfitte sono parte integrante del gioco e che non sempre si può vincere. Accettare le perdite con equilibrio emotivo può aiutare i giocatori a mantenere una prospettiva realistica e a evitare reazioni eccessive o disfunzionali.

4. Celebrazione delle vittorie responsabili:

Anche le vittorie possono avere un impatto sul benessere
emotivo dei giocatori. È importante celebrare le vittorie in
modo responsabile, evitando di lasciarsi trasportare
dall'entusiasmo e mantenendo sempre una prospettiva razionale
sulle proprie possibilità di successo nel lungo termine.

5. Supporto sociale e psicologico:

Il supporto sociale e psicologico può svolgere un ruolo
fondamentale nel promuovere il benessere emotivo dei
giocatori. Avere persone di fiducia con cui condividere le
proprie esperienze e preoccupazioni può fornire un importante
sostegno emotivo e aiutare i giocatori a gestire meglio lo stress
e le pressioni associate al gioco.

6. Autocura e autocommiserazione:

Infine, praticare l'autocura e l'autocommiserazione è essenziale
per mantenere un buon equilibrio emotivo durante il gioco. Ciò
significa prendersi cura di sé stessi, ascoltare i propri bisogni
emotivi e concedersi il tempo necessario per recuperare da
eventuali sconfitte o momenti di stress.

In conclusione, il benessere emotivo riveste un ruolo cruciale
nel perseguire il gioco responsabile e nel mantenere un
approccio equilibrato al gioco del Lotto. Mantenere un
equilibrio emotivo, ridurre lo stress e l'ansia, accettare le
perdite e celebrare le vittorie in modo responsabile sono tutti
elementi chiave per garantire un'esperienza di gioco positiva e
gratificante.

VII. Studio dei Concorsi Passati

7.1 Utilizzo delle estrazioni passate come fonte di informazioni

Le estrazioni passate del gioco del Lotto italiano rappresentano una ricca fonte di dati e informazioni preziose per i giocatori che desiderano migliorare le proprie strategie e aumentare le probabilità di vincita. In questo capitolo, esploreremo in dettaglio come utilizzare queste estrazioni passate in modo efficace e strategico per informare le proprie decisioni di gioco.

Analisi dei numeri frequenti e ritardatari:

Una delle prime strategie che i giocatori possono adottare è l'analisi dei numeri frequenti e ritardatari nelle estrazioni passate. Questa analisi consente di identificare i numeri che sono stati estratti più frequentemente nel corso del tempo e quelli che invece hanno tardato ad essere estratti. Ad esempio, se un certo numero non è stato estratto per un lungo periodo, potrebbe essere considerato come ritardatario e quindi avere maggiori probabilità di essere estratto nelle estrazioni future.

Studi delle frequenze di combinazioni:

Oltre all'analisi dei singoli numeri, è utile esaminare le frequenze di combinazioni di numeri estratte nelle estrazioni passate. Questo può essere fatto osservando la frequenza con cui certe combinazioni di numeri sono state estratte insieme. Ad esempio, potrebbe essere interessante analizzare la frequenza con cui numeri consecutivi o numeri che formano particolari geometrie sono stati estratti insieme, al fine di identificare eventuali pattern o tendenze che possono influenzare le future estrazioni.

Utilizzo di software e strumenti analitici:

Per semplificare l'analisi delle estrazioni passate, esistono numerosi software e strumenti analitici disponibili online che consentono di elaborare e visualizzare i dati in modo chiaro e intuitivo. Questi strumenti possono aiutare i giocatori a identificare rapidamente le tendenze e i pattern nelle estrazioni passate e a prendere decisioni più informate sulle loro scommesse future.

Monitoraggio delle variazioni nel tempo:

È importante anche monitorare le variazioni nel tempo delle frequenze di estrazione e dei pattern di vincita. Le tendenze possono cambiare nel corso del tempo, quindi è essenziale rimanere aggiornati sulle ultime informazioni e adattare le proprie strategie di conseguenza.

In conclusione, le estrazioni passate del gioco del Lotto italiano sono una risorsa preziosa per i giocatori che desiderano migliorare le proprie probabilità di vincita. Analizzando i numeri frequenti e ritardatari, le frequenze di combinazioni, utilizzando software analitici e monitorando le variazioni nel tempo, i giocatori possono sviluppare strategie più informate e aumentare le loro possibilità di successo.

7.2 Identificazione di tendenze e pattern ricorrenti

Nel processo di analisi delle estrazioni passate del gioco del Lotto italiano, un aspetto cruciale è l'identificazione di tendenze e pattern ricorrenti che possono fornire preziose indicazioni per le future scommesse. In questo paragrafo, esploreremo diverse tecniche e approcci per individuare queste tendenze e pattern, permettendo ai giocatori di sviluppare strategie più efficaci.

Analisi dei numeri caldi e freddi:

Una delle prime cose da fare è l'analisi dei cosiddetti "numeri caldi" e "numeri freddi". I numeri caldi sono quelli che sono stati estratti più frequentemente nelle estrazioni passate, mentre i numeri freddi sono quelli che sono stati estratti meno frequentemente. Identificare questi numeri può aiutare i giocatori a stabilire quali numeri potrebbero avere maggiori probabilità di essere estratti nelle estrazioni future e quali potrebbero aver bisogno di più tempo prima di essere estratti di nuovo.

Esame delle sequenze e delle ripetizioni:

Oltre all'analisi dei singoli numeri, è importante esaminare le sequenze e le ripetizioni nelle estrazioni passate. Ad esempio, potrebbe essere utile osservare se ci sono state sequenze di numeri consecutivi o se alcuni numeri sono stati estratti più volte in rapida successione. Queste tendenze possono fornire indicazioni sul comportamento del gioco e suggerire possibili pattern che potrebbero influenzare le future estrazioni.

Studio delle distribuzioni:

Un'altra tecnica utile è lo studio delle distribuzioni dei numeri estratti nelle estrazioni passate. Questo coinvolge l'analisi delle frequenze con cui diversi numeri sono stati estratti insieme o in determinate combinazioni. Identificare modelli nelle distribuzioni dei numeri può aiutare i giocatori a comprendere meglio le dinamiche del gioco e a prendere decisioni più informate sulle loro scommesse future.

Utilizzo di grafici e diagrammi:

Per visualizzare e comprendere meglio le tendenze e i pattern, è consigliabile utilizzare grafici e diagrammi che rappresentano chiaramente i dati delle estrazioni passate. Questi strumenti visivi possono rendere più facile individuare correlazioni e relazioni tra i numeri estratti e aiutare i giocatori a prendere decisioni più ponderate e informate.

In conclusione, l'identificazione di tendenze e pattern ricorrenti nelle estrazioni passate del gioco del Lotto italiano è un passo fondamentale per migliorare le probabilità di vincita. Utilizzando tecniche come l'analisi dei numeri caldi e freddi, l'esame delle sequenze e delle ripetizioni, lo studio delle distribuzioni e l'utilizzo di grafici e diagrammi, i giocatori possono sviluppare strategie più efficaci e aumentare le loro possibilità di successo.

7.3 Analisi delle frequenze e delle combinazioni vincenti

Nel processo di ricerca di strategie vincenti per il gioco del Lotto italiano, un'analisi accurata delle frequenze e delle combinazioni vincenti può fornire preziose informazioni sui numeri più probabili di essere estratti nelle prossime estrazioni. In questo paragrafo, esamineremo diverse tecniche per condurre un'analisi efficace e utilizzare queste informazioni per migliorare le probabilità di vincita.

Analisi delle frequenze:

Una delle prime fasi dell'analisi coinvolge lo studio delle frequenze con cui i singoli numeri sono stati estratti nelle estrazioni passate. Utilizzando dati storici, è possibile determinare quali numeri sono stati estratti più frequentemente e quali meno. Questa analisi può rivelare i cosiddetti "numeri caldi" e "numeri freddi", che possono essere utilizzati per stabilire strategie di gioco più informate. Ad esempio, se un certo numero è stato estratto più volte rispetto agli altri, potrebbe essere considerato un numero caldo e avere maggiori probabilità di essere estratto nelle estrazioni future.

Esame delle combinazioni vincenti:

Oltre all'analisi dei singoli numeri, è importante esaminare le combinazioni vincenti che sono state estratte nelle estrazioni passate. Questo coinvolge l'analisi dei numeri che sono stati estratti insieme e la ricerca di pattern o tendenze nelle combinazioni vincenti. Ad esempio, potrebbe essere utile osservare se alcune combinazioni di numeri sono state estratte più spesso di altre o se ci sono schemi ricorrenti nelle combinazioni vincenti. Queste informazioni possono essere utilizzate per sviluppare strategie di scommessa più mirate e aumentare le probabilità di successo.

Utilizzo di software e strumenti analitici:

Per condurre un'analisi accurata delle frequenze e delle combinazioni vincenti, è consigliabile utilizzare software e strumenti analitici specializzati. Questi strumenti possono automatizzare il processo di raccolta e analisi dei dati storici e fornire visualizzazioni chiare e dettagliate delle tendenze e dei pattern identificati. Ci sono diversi software disponibili online che offrono funzionalità avanzate per l'analisi statistica delle estrazioni del Lotto italiano, consentendo ai giocatori di prendere decisioni più informate sulle loro scommesse.

Esempio pratico:

Ad esempio, supponiamo di condurre un'analisi delle frequenze e di scoprire che il numero 10 è stato estratto più frequentemente rispetto agli altri numeri nelle estrazioni passate del Lotto italiano. Possiamo quindi considerare il numero 10 come un numero caldo e includerlo nelle nostre scommesse future con una maggiore probabilità di successo.

In conclusione, l'analisi delle frequenze e delle combinazioni vincenti è un elemento fondamentale nella ricerca di strategie vincenti per il gioco del Lotto italiano. Utilizzando tecniche analitiche avanzate e software specializzati, i giocatori possono identificare i numeri più probabili di essere estratti e migliorare le loro probabilità di vincita.

7.4 L'effetto della ciclicità dei numeri nel corso del tempo

Nel contesto del gioco del Lotto italiano, un fenomeno interessante da considerare è l'effetto della ciclicità dei numeri nel corso del tempo. Questo fenomeno si riferisce alla tendenza dei numeri a essere estratti in cicli o periodi di tempo più o meno regolari. Esaminiamo più da vicino questo concetto e come può influenzare le strategie di gioco.

Identificazione dei cicli:

Per comprendere l'effetto della ciclicità dei numeri, è necessario analizzare i dati storici delle estrazioni del Lotto italiano nel corso di un periodo significativo. Utilizzando queste informazioni, è possibile identificare se alcuni numeri tendono ad essere estratti con una maggiore frequenza in determinati periodi o cicli. Ad esempio, potrebbe emergere che un certo numero è estratto più spesso durante i mesi invernali rispetto ai mesi estivi, o che alcune combinazioni di numeri seguono schemi ciclici nel tempo.

Utilizzo dei cicli per le scommesse:

Una volta identificati i cicli nei dati delle estrazioni passate, è possibile utilizzare queste informazioni per informare le proprie scommesse future. Ad esempio, se si osserva che un certo numero è estratto più frequentemente in un determinato periodo dell'anno, è possibile includere questo numero nelle proprie scommesse durante quel periodo con una maggiore fiducia. Questo approccio consente ai giocatori di adattare le proprie strategie di gioco in base ai cicli osservati nei dati storici.

Esempio pratico:

Supponiamo di aver analizzato i dati delle estrazioni del Lotto italiano degli ultimi cinque anni e di aver identificato un ciclo stagionale per il numero 20, che sembra essere estratto più frequentemente durante i mesi estivi. Utilizzando questa informazione, possiamo decidere di includere il numero 20 nelle nostre scommesse durante i mesi estivi, aumentando così le nostre probabilità di vincita durante quel periodo.

Considerazioni:

È importante notare che l'effetto della ciclicità dei numeri nel corso del tempo non garantisce il successo nelle scommesse, ma può fornire agli scommettitori informazioni preziose per prendere decisioni più informate. È consigliabile utilizzare questa informazione insieme ad altre strategie e tecniche per massimizzare le probabilità di vincita nel gioco del Lotto italiano.

In sintesi, l'effetto della ciclicità dei numeri nel corso del tempo può influenzare le strategie di gioco nel Lotto italiano, consentendo ai giocatori di adattare le proprie scommesse in base ai cicli identificati nei dati storici delle estrazioni.

7.5 Tecniche per individuare numeri fortunati o ricorrenti

Nel tentativo di migliorare le probabilità di vincita al Lotto italiano, molti giocatori si dedicano all'identificazione di numeri fortunati o ricorrenti. Anche se il concetto di fortuna è soggettivo e non può essere dimostrato scientificamente, esistono alcune tecniche che possono essere utilizzate per individuare pattern e tendenze nei numeri estratti.

1. Analisi delle frequenze:

Una tecnica comune è l'analisi delle frequenze dei numeri estratti in passato. Tenendo traccia dei numeri che compaiono più frequentemente nelle estrazioni storiche, è possibile identificare quelli che potrebbero essere considerati "fortunati" o tendenziali. Questa analisi può essere svolta manualmente o con l'aiuto di strumenti informatici appositi.

2. Utilizzo di software specializzati:

Esistono numerosi software e applicazioni progettati specificamente per analizzare i dati delle estrazioni passate e individuare pattern ricorrenti. Questi strumenti utilizzano algoritmi complessi per identificare numeri che potrebbero avere una maggiore probabilità di essere estratti in futuro. Alcuni esempi includono "Lotto Analyzer" e "Lotto Sorcerer".

3. Metodo dei numeri caldi e freddi:

Questa tecnica si basa sull'idea che alcuni numeri sono estratti più frequentemente di altri (numeri "caldi"), mentre altri sono estratti meno frequentemente (numeri "freddi"). Monitorando i numeri caldi e freddi nelle estrazioni recenti, i giocatori possono decidere se seguire o evitare determinati numeri in base alle loro preferenze.

4. Studio dei numeri ritardatari:

I numeri ritardatari sono quelli che non sono stati estratti per un lungo periodo di tempo. Alcuni giocatori credono che questi numeri abbiano una maggiore probabilità di essere estratti nelle estrazioni future per compensare la loro "assenza".
Monitorando i numeri ritardatari e tenendo traccia del loro comportamento nel tempo, è possibile decidere se includerli nelle proprie combinazioni.

Utilizzando queste tecniche in modo oculato e combinandole con una strategia di gioco ben ponderata, i giocatori possono aumentare le loro probabilità di vincita al Lotto italiano.

7.6 Utilizzo di diagrammi e grafici per visualizzare i risultati storici

I diagrammi e i grafici sono strumenti potenti per visualizzare e analizzare i risultati storici delle estrazioni del Lotto italiano. Questi strumenti consentono ai giocatori di individuare pattern, tendenze e distribuzioni dei numeri estratti nel corso del tempo. Ecco alcuni modi in cui i diagrammi e i grafici possono essere utilizzati efficacemente:

1. Istogrammi delle frequenze:

Gli istogrammi delle frequenze mostrano la distribuzione dei numeri estratti in base alla loro frequenza di apparizione. Ogni barra sull'istogramma rappresenta un numero specifico, e l'altezza della barra indica il numero di volte che quel numero è stato estratto. Questo tipo di grafico permette ai giocatori di identificare facilmente i numeri più frequenti e quelli meno frequenti.

2. Grafici a dispersione temporale:

I grafici a dispersione temporale tracciano l'andamento nel tempo dei numeri estratti. Ogni punto sul grafico rappresenta un'estrazione, e i numeri estratti sono disposti lungo l'asse delle ascisse in base alla loro sequenza temporale. Questo tipo di grafico consente di individuare eventuali pattern ciclici o tendenze nel comportamento dei numeri nel corso del tempo.

3. Diagrammi a torta delle percentuali:

I diagrammi a torta delle percentuali mostrano la proporzione di volte che ciascun numero è stato estratto rispetto al totale delle estrazioni. Questi diagrammi forniscono una rapida panoramica della distribuzione dei numeri estratti e delle loro probabilità relative. Possono essere particolarmente utili per identificare i numeri più frequenti e quelli meno frequenti.

4. Grafici a linee delle tendenze:

I grafici a linee delle tendenze tracciano l'andamento nel tempo delle frequenze di estrazione dei numeri più frequenti. Questi grafici permettono di individuare trend e fluttuazioni nelle frequenze di estrazione nel corso del tempo, consentendo ai giocatori di adattare le proprie strategie di gioco di conseguenza.

Utilizzando questi strumenti in modo combinato e interpretando correttamente i dati visualizzati, i giocatori possono acquisire una migliore comprensione del comportamento storico delle estrazioni del Lotto italiano e prendere decisioni più informate quando compilano le proprie combinazioni.

7.7 Considerazioni sulla validità e l'affidabilità dei dati storici

Prima di utilizzare i dati storici delle estrazioni del Lotto italiano per sviluppare strategie di gioco, è essenziale considerare attentamente la validità e l'affidabilità di tali dati. Questo paragrafo esplorerà alcuni aspetti da tenere in considerazione quando si valutano i dati storici.

1. Fonte dei dati:

La fonte da cui si ottengono i dati storici delle estrazioni del Lotto è fondamentale per garantire la loro validità. È consigliabile utilizzare fonti ufficiali e affidabili, come il sito web ufficiale del Lotto italiano o altre piattaforme riconosciute che forniscono informazioni aggiornate e verificate sulle estrazioni passate.

2. Integrità dei dati:

È importante verificare l'integrità dei dati storici per assicurarsi
che non vi siano errori o discrepanze che potrebbero
influenzare l'analisi. Verificare che i dati siano completi,
accurati e non manipolati in alcun modo.

3. Frequenza di aggiornamento:

I dati storici dovrebbero essere aggiornati regolarmente per
riflettere le estrazioni più recenti e garantire che le analisi siano
basate sulle informazioni più aggiornate disponibili. La
frequenza di aggiornamento varia a seconda della fonte dei
dati, quindi è importante scegliere una fonte che fornisca
aggiornamenti tempestivi.

4. Consistenza nel tempo:

I dati storici dovrebbero essere consistenti nel tempo, senza
variazioni significative nelle modalità di registrazione o di
presentazione delle informazioni. La consistenza dei dati è
cruciale per condurre analisi comparative e identificare pattern
nel lungo periodo.

5. Controllo di qualità:

Prima di utilizzare i dati storici per fini analitici, è consigliabile
eseguire controlli di qualità per identificare eventuali errori o
anomalie nei dati. Questo può includere la verifica incrociata
dei dati con fonti alternative e l'analisi approfondita di eventuali
discrepanze.

Considerare attentamente questi fattori aiuta a garantire che i
dati storici utilizzati per analizzare le estrazioni del Lotto
italiano siano affidabili e validi, consentendo ai giocatori di
prendere decisioni informate basate su informazioni accurate e
aggiornate.

7.8 Come interpretare correttamente i risultati delle estrazioni passate

Interpretare correttamente i risultati delle estrazioni passate del Lotto italiano è fondamentale per sviluppare strategie di gioco efficaci. In questo paragrafo, esploreremo alcuni principi guida per interpretare i risultati delle estrazioni passate in modo accurato e informato.

1. Identificare pattern e tendenze:

Analizzando i dati storici delle estrazioni passate, è possibile identificare pattern e tendenze che possono influenzare le future estrazioni. Ad esempio, potrebbe emergere che alcuni numeri sono estratti più frequentemente di altri, o che determinate combinazioni di numeri sono più ricorrenti. Identificare queste tendenze può aiutare i giocatori a selezionare i numeri con una maggiore probabilità di essere estratti.

2. Considerare la casualità:

Nonostante l'analisi dei dati storici possa rivelare pattern e tendenze interessanti, è importante ricordare che il Lotto è un gioco basato sulla casualità. Anche se un certo numero è stato estratto più frequentemente in passato, ciò non garantisce che verrà estratto di nuovo in futuro. È fondamentale mantenere una prospettiva realistica e considerare ogni estrazione come un evento indipendente.

3. Utilizzare approcci statistici:

L'interpretazione dei dati storici del Lotto può beneficiare dell'applicazione di approcci statistici e modelli matematici. Ad esempio, è possibile utilizzare la distribuzione delle frequenze per valutare la probabilità di un certo numero di essere estratto in una determinata estrazione. Inoltre, modelli come la legge dei grandi numeri e il teorema del limite centrale possono essere utilizzati per comprendere meglio il comportamento delle estrazioni nel lungo termine.

4. Evitare il bias cognitivo:

Quando si interpretano i risultati delle estrazioni passate, è importante evitare il bias cognitivo e l'influenza di credenze irrazionali o superstizioni. Ad esempio, il fenomeno dell'illusione di controllo potrebbe portare i giocatori a sovrastimare la propria capacità di influenzare l'esito del gioco. Mantenere un approccio razionale e basato sui dati è essenziale per prendere decisioni informate.

5. Monitorare l'evoluzione dei pattern nel tempo:

I pattern e le tendenze nelle estrazioni del Lotto possono evolversi nel tempo, influenzati da una serie di fattori esterni. È importante monitorare costantemente i dati storici e aggiornare le proprie strategie di conseguenza. Ciò può comportare la revisione e l'adattamento delle strategie in base alle nuove informazioni disponibili.

Interpretare correttamente i risultati delle estrazioni passate richiede un approccio equilibrato che tenga conto sia dei dati storici che della natura casuale del gioco. Utilizzando un'analisi rigorosa e basata sui dati, i giocatori possono migliorare le proprie probabilità di vincita nel Lotto italiano.

7.9 Rischi e limitazioni nell'affidarsi esclusivamente ai dati storici

Affidarsi esclusivamente ai dati storici delle estrazioni passate può essere rischioso e comportare alcune limitazioni significative nel tentativo di migliorare le probabilità di vincita al gioco del Lotto italiano. In questo paragrafo, esamineremo i rischi associati a questa pratica e le sue limitazioni.

1. Campione limitato:

I dati storici delle estrazioni passate rappresentano solo un campione limitato delle possibili combinazioni di numeri. Anche se possono fornire informazioni utili, non coprono necessariamente tutte le variabili e le situazioni che possono verificarsi nelle estrazioni future. Di conseguenza, basarsi esclusivamente su di essi potrebbe portare a una visione distorta delle probabilità reali.

2. Variabilità della casualità:

Nonostante si possano individuare pattern e tendenze nei dati storici, è importante ricordare che il Lotto è un gioco basato sulla casualità. La variabilità intrinseca alla casualità significa che anche le combinazioni più ricorrenti possono non verificarsi in un determinato turno, e viceversa. Affidarsi troppo sui dati storici senza considerare la casualità può portare a una sopravvalutazione delle probabilità di vincita.

3. Rischi di overfitting:

L'analisi dei dati storici può portare a modelli e strategie troppo complessi che si adattano perfettamente ai dati esistenti ma che potrebbero non generalizzare bene alle nuove estrazioni. Questo fenomeno, noto come overfitting, può compromettere l'efficacia delle strategie nel prevedere le estrazioni future. È importante bilanciare la complessità delle strategie con la capacità di generalizzazione ai dati futuri.

4. Cambiamenti nelle dinamiche del gioco:

Le dinamiche del gioco del Lotto possono cambiare nel tempo a causa di una serie di fattori esterni, come modifiche nelle regole del gioco, nuove tecnologie o cambiamenti nei comportamenti dei giocatori. Questi cambiamenti possono influenzare la frequenza e la distribuzione dei numeri estratti, rendendo meno affidabile l'analisi basata esclusivamente sui dati storici.

5. Mancanza di contesto:

I dati storici da soli potrebbero non fornire il contesto necessario per comprendere appieno le probabilità di vincita nel gioco del Lotto. È importante considerare anche altri fattori, come le strategie dei concorrenti, le condizioni di mercato e le previsioni economiche, per ottenere una visione più completa e accurata del contesto in cui si svolge il gioco.

Considerare i rischi e le limitazioni nell'affidarsi esclusivamente ai dati storici è essenziale per sviluppare strategie di gioco informate e realistiche nel Lotto italiano.

7.10 Integrare l'analisi dei concorsi passati con altre strategie di gioco

L'analisi dei concorsi passati può essere un elemento importante nella formulazione di strategie di gioco al Lotto italiano, ma è essenziale integrarla con altre tecniche e approcci per massimizzare le probabilità di vincita. In questo paragrafo, esploreremo come combinare l'analisi dei concorsi passati con altre strategie di gioco per ottenere risultati più efficaci.

1. Utilizzo di sistemi ridotti:

Integrare l'analisi dei concorsi passati con l'uso di sistemi ridotti può aiutare a concentrarsi su un numero limitato di combinazioni selezionate in base a criteri specifici. Ad esempio, potremmo utilizzare i dati storici per identificare numeri ricorrenti e combinazioni frequenti, e quindi utilizzare un sistema ridotto per generare una serie di combinazioni che includano tali numeri in modi diversi.

2. Approccio basato sulla casualità:

Anche se l'analisi dei concorsi passati può rivelare pattern e tendenze interessanti, è importante bilanciarla con un approccio basato sulla casualità. Integrare la casualità nel processo decisionale può aiutare a evitare il rischio di sovrastimare l'importanza dei dati storici e adottare strategie più equilibrate e razionali.

3. Considerazione delle quote e delle probabilità:

Oltre all'analisi dei concorsi passati, è importante considerare anche le quote e le probabilità di vincita associate a ciascuna combinazione. Anche se una determinata combinazione potrebbe essere ricorrente nei dati storici, potrebbe avere quote relativamente basse a causa della sua popolarità, riducendo così il valore atteso della vincita. Integrare queste informazioni può aiutare a prendere decisioni più informate sui numeri da giocare.

4. Gestione del budget:

Indipendentemente dall'analisi dei concorsi passati, è fondamentale avere una solida strategia di gestione del budget. Impostare limiti di spesa e stabilire un piano per gestire le vincite e le perdite può contribuire a mantenere un approccio disciplinato e responsabile al gioco, riducendo al contempo il rischio di eccessiva esposizione finanziaria.

5. Monitoraggio e aggiornamento:

Infine, è importante monitorare costantemente le prestazioni delle strategie adottate e aggiornarle di conseguenza. Anche se l'analisi dei concorsi passati può fornire un punto di partenza valido, le dinamiche del gioco possono cambiare nel tempo, e ciò richiede un adattamento continuo delle strategie per mantenere un vantaggio competitivo.

Integrare l'analisi dei concorsi passati con altre strategie di gioco può aiutare a sviluppare approcci più bilanciati e completi nel Lotto italiano, aumentando così le probabilità di vincita nel lungo termine.

VIII. Ottimizzazione delle Strategie di Gioco

8.1 Revisione delle strategie precedenti per individuare punti di forza e debolezza

Nel percorso verso il successo nel gioco del Lotto italiano, è essenziale condurre una revisione approfondita delle strategie precedenti al fine di identificare i punti di forza e di debolezza. Questa analisi critica è fondamentale per ottimizzare le strategie esistenti e per sviluppare nuovi approcci più efficaci. In questo primo paragrafo, esploreremo l'importanza di questa revisione e forniremo linee guida pratiche su come condurla in modo efficace.

Valutazione delle performance passate:

Il punto di partenza cruciale per la revisione delle strategie è la valutazione delle performance passate. Analizzare i risultati ottenuti con le strategie precedenti fornisce una visione chiara delle loro prestazioni effettive. Si consiglia di prendere in considerazione sia le vittorie che le perdite, insieme a qualsiasi variazione nel rendimento nel corso del tempo. Questo approccio consente di identificare i modelli di successo e di individuare eventuali aree di miglioramento.

Identificazione dei punti di forza:

Durante la revisione, è importante individuare i punti di forza
delle strategie precedenti. Ciò può includere elementi come
l'accuratezza nella selezione dei numeri, la coerenza nei
risultati ottenuti e la capacità di adattamento alle variazioni
nelle estrazioni. Identificare questi punti di forza fornisce una
base solida su cui costruire e può aiutare a mantenere le parti
efficaci delle strategie esistenti.

Analisi delle debolezze:

Allo stesso modo, è cruciale individuare e comprendere le
debolezze delle strategie precedenti. Queste possono includere
errori nella selezione dei numeri, mancanza di coerenza nei
risultati o inefficacia nel gestire le perdite. Identificare le
debolezze permette di correggere gli errori passati e di evitare
di ripeterli in futuro.

Adattamento alle nuove informazioni:

La revisione delle strategie precedenti deve essere dinamica e
adattabile alle nuove informazioni disponibili. Questo significa
essere aperti ai cambiamenti e disposti a modificare le strategie
esistenti in base alle lezioni apprese dall'esperienza passata e
alle nuove conoscenze acquisite. Essere flessibili nell'approccio
consente di rimanere sempre un passo avanti nel gioco del
Lotto italiano.

Implementazione di miglioramenti:

Infine, la revisione delle strategie dovrebbe culminare
nell'implementazione di miglioramenti mirati. Ciò può
includere l'aggiornamento delle tecniche di selezione dei
numeri, l'introduzione di nuovi approcci basati su dati più
recenti o l'adozione di nuove strategie integrate. L'obiettivo
finale è quello di ottimizzare le strategie esistenti e di
massimizzare le probabilità di vincita nel lungo termine.

Condurre una revisione completa delle strategie precedenti è un passaggio essenziale nel percorso verso il successo nel gioco del Lotto italiano. Identificare i punti di forza e di debolezza delle strategie passate e adattare di conseguenza le tattiche future può fare la differenza tra una strategia vincente e una che porta a perdite costanti.

8.2 Esplorazione di nuovi approcci basati sull'analisi dei risultati

Nell'incessante ricerca di metodi più efficaci nel gioco del Lotto italiano, l'analisi dei risultati passati riveste un ruolo cruciale. In questo secondo paragrafo, esploreremo l'importanza di esaminare attentamente i risultati delle estrazioni precedenti per sviluppare nuovi approcci vincenti.

Studio delle tendenze numeriche:

Quando si analizzano i risultati delle estrazioni passate, non si tratta solo di guardare quali numeri sono stati estratti più frequentemente. È importante andare oltre e comprendere le dinamiche dietro questi numeri. Ad esempio, potrebbe emergere che alcuni numeri sono effettivamente più frequentemente estratti, ma potrebbero far parte di combinazioni che non si verificano spesso. Inoltre, osservare la frequenza con cui determinate combinazioni di numeri si sono verificate nel corso del tempo può fornire indicazioni preziose sulle probabilità future.

Utilizzo di algoritmi predittivi:

Gli algoritmi predittivi possono sembrare complessi, ma possono essere estremamente utili per identificare pattern nei dati delle estrazioni passate. Ad esempio, l'analisi delle serie temporali può rilevare cicli di estrazioni o schemi ricorrenti che potrebbero influenzare le future estrazioni. Questi algoritmi possono anche aiutare a individuare correlazioni tra i numeri estratti e altri fattori esterni, come eventi stagionali o giorni della settimana, che potrebbero influenzare le probabilità di estrazione.

Esplorazione di nuove strategie di selezione:

Basandosi sull'analisi dei risultati passati e sull'output degli algoritmi predittivi, i giocatori possono sperimentare con nuove strategie di selezione dei numeri. Questo non significa necessariamente seguire ciecamente i numeri "caldi" o "freddi", ma piuttosto adottare un approccio più sofisticato che tenga conto delle dinamiche complesse dei numeri estratti. Ad esempio, potrebbe essere utile concentrarsi su determinate combinazioni di numeri che si sono verificate più spesso rispetto ad altre.

Valutazione dell'efficacia:

Una volta implementati nuovi approcci basati sull'analisi dei risultati, è essenziale valutarne l'efficacia nel contesto del gioco del Lotto italiano. Questo richiede un monitoraggio costante dei risultati delle estrazioni successive e un confronto con le aspettative basate sulle nuove strategie. Se i nuovi approcci mostrano un miglioramento delle prestazioni rispetto alle strategie precedenti, potrebbero essere considerati validi e incorporati nel repertorio di tecniche del giocatore.

Esplorare nuovi approcci basati sull'analisi dei risultati è un passo fondamentale nel continuo sviluppo di strategie vincenti nel gioco del Lotto italiano. Sfruttando le informazioni disponibili nei dati storici e utilizzando strumenti analitici avanzati, i giocatori possono aumentare le loro probabilità di successo e avvicinarsi sempre di più al raggiungimento dei loro obiettivi.

8.3 Sperimentazione con sistemi ridotti e combinazioni ottimizzate

Nella continua ricerca di strategie vincenti nel gioco del Lotto italiano, la sperimentazione con sistemi ridotti e combinazioni ottimizzate rappresenta un approccio promettente per massimizzare le probabilità di vincita. In questo terzo paragrafo, esploreremo come i giocatori possano utilizzare sistemi ridotti e combinazioni ottimizzate per ottenere risultati migliori.

Concetto di sistemi ridotti:

I sistemi ridotti sono basati sull'idea di selezionare un sottoinsieme di numeri da giocare, anziché puntare su tutte le possibili combinazioni. Questo approccio consente ai giocatori di ridurre il numero totale di combinazioni da giocare, riducendo così il costo complessivo delle scommesse. Tuttavia, è importante scegliere i numeri in modo strategico per massimizzare le probabilità di vincita. Ad esempio, si potrebbero selezionare solo i numeri che hanno una maggiore frequenza di estrazione o che mostrano una tendenza a verificarsi insieme in determinate combinazioni.

Ottimizzazione delle combinazioni:

Oltre alla riduzione del numero di numeri giocati, è possibile ottimizzare le combinazioni per massimizzare le probabilità di vincita. Questo può essere fatto considerando diversi fattori, come la distribuzione dei numeri selezionati, la presenza di numeri "caldi" o "freddi", e la frequenza con cui determinate combinazioni si sono verificate in passato. Gli algoritmi di ottimizzazione possono essere utilizzati per generare combinazioni che bilanciano la casualità con la strategia, cercando di massimizzare le probabilità di vincita senza aumentare eccessivamente il numero di numeri giocati.

Esempio pratico:

Ad esempio, supponiamo di voler giocare un sistema ridotto per il SuperEnalotto italiano, che richiede di scegliere 6 numeri su 90 possibili. Invece di giocare tutte le possibili combinazioni di 6 numeri, potremmo utilizzare un sistema ridotto che include solo una selezione mirata di numeri che mostrano una maggiore frequenza di estrazione o che hanno dimostrato una tendenza a verificarsi insieme. Questo ci permette di ridurre il numero di combinazioni giocate, riducendo così il costo complessivo delle scommesse, mantenendo comunque alte le probabilità di vincita.

Valutazione dei risultati:

Dopo aver sperimentato con sistemi ridotti e combinazioni ottimizzate, è importante valutare i risultati ottenuti. Monitorare attentamente le vincite e confrontarle con le aspettative basate sulle nuove strategie consente ai giocatori di determinare l'efficacia dei sistemi utilizzati. Se i risultati mostrano un miglioramento delle prestazioni rispetto alle strategie precedenti, allora è possibile considerare i sistemi ridotti e le combinazioni ottimizzate come un'opzione valida per aumentare le probabilità di vincita nel gioco del Lotto italiano.

La sperimentazione con sistemi ridotti e combinazioni
ottimizzate rappresenta un'importante tappa nell'affinamento
delle strategie nel gioco del Lotto italiano, consentendo ai
giocatori di massimizzare le probabilità di vincita riducendo al
contempo i costi delle scommesse.

8.4 Implementazione di strategie di scommessa flessibili per adattarsi alle variazioni del gioco

Nel perseguire il successo nel gioco del Lotto italiano, è
essenziale adottare strategie di scommessa flessibili in grado di
adattarsi alle variazioni del gioco e alle condizioni del
momento. In questo quarto paragrafo, esploreremo l'importanza
di sviluppare strategie che consentano ai giocatori di essere
dinamici e pronti a modificare il proprio approccio in risposta
alle mutevoli circostanze del gioco.

Adattabilità delle strategie:

Le strategie rigide e statiche possono rivelarsi limitanti nel
contesto del gioco del Lotto, dove i numeri estratti possono
variare notevolmente da estrazione a estrazione. Pertanto, è
fondamentale adottare strategie flessibili che consentano ai
giocatori di adattarsi rapidamente alle variazioni del gioco. Ciò
significa essere disposti a modificare le proprie selezioni di
numeri, l'importo delle scommesse e le modalità di gioco in
base alle informazioni più recenti disponibili.

Utilizzo di dati in tempo reale:

Una componente chiave delle strategie di scommessa flessibili è l'uso di dati in tempo reale per informare le decisioni di gioco. Ciò può includere l'analisi delle tendenze recenti delle estrazioni, l'identificazione di numeri "caldi" o "freddi" che potrebbero influenzare le probabilità di vincita e il monitoraggio delle vincite passate per valutare l'efficacia delle strategie in corso. L'accesso a informazioni aggiornate e affidabili consente ai giocatori di adattare le proprie strategie in tempo reale per massimizzare le probabilità di successo.

Flessibilità nell'allocazione delle risorse:

Oltre alla flessibilità nelle selezioni di numeri e nelle modalità di gioco, è importante essere flessibili anche nell'allocazione delle risorse finanziarie. Questo significa essere disposti a variare l'importo delle scommesse in base alle condizioni del gioco e alla propria situazione finanziaria. Ad esempio, se le probabilità sembrano essere particolarmente favorevoli in un determinato momento, potrebbe essere opportuno aumentare l'importo delle scommesse per sfruttare al meglio l'opportunità. Allo stesso modo, se le probabilità sembrano essere sfavorevoli, potrebbe essere prudente ridurre l'importo delle scommesse per limitare le perdite potenziali.

Adattamento alle variazioni delle regole del gioco:

Infine, le strategie di scommessa flessibili devono essere in grado di adattarsi anche alle variazioni delle regole del gioco. Poiché le regole del Lotto italiano possono cambiare nel tempo, ad esempio con l'introduzione di nuove modalità di gioco o la modifica delle probabilità di vincita, i giocatori devono essere pronti a rivedere e aggiornare le proprie strategie di conseguenza.

Esempio pratico:

Supponiamo che un giocatore abbia sviluppato una strategia
che si basa sull'analisi delle tendenze recenti delle estrazioni.
Se durante un periodo di gioco le tendenze iniziano a cambiare,
con l'emergere di nuovi numeri "caldi" o "freddi", il giocatore
deve essere pronto a modificare la propria strategia di selezione
dei numeri di conseguenza, adattandola alle nuove
informazioni disponibili.

Conclusione:

In sintesi, l'implementazione di strategie di scommessa
flessibili è fondamentale per il successo nel gioco del Lotto
italiano. Essere in grado di adattarsi alle variazioni del gioco,
utilizzare dati in tempo reale, essere flessibili nell'allocazione
delle risorse e adattarsi alle variazioni delle regole del gioco
sono tutte componenti essenziali di un approccio vincente al
gioco del Lotto.

8.5 Utilizzo di strumenti di simulazione per valutare l'efficacia delle nuove strategie

Nel percorso verso il successo nel gioco del Lotto italiano, è
cruciale non solo sviluppare nuove strategie, ma anche
valutarne l'efficacia in modo accurato e scientifico. In questo
quinto paragrafo, esploreremo l'importanza dell'utilizzo di
strumenti di simulazione per testare e valutare le nuove
strategie di gioco.

Definizione di strumenti di simulazione:

Gli strumenti di simulazione sono software o programmi informatici progettati per riprodurre il comportamento del gioco del Lotto in un ambiente virtuale. Questi strumenti consentono ai giocatori di eseguire simulazioni di gioco utilizzando le loro strategie proposte, senza dover effettivamente piazzare scommesse o attendere le estrazioni reali.

Vantaggi delle simulazioni:

1. **Valutazione dell'efficacia:** Le simulazioni consentono ai giocatori di valutare l'efficacia delle loro strategie in un ambiente controllato e ripetibile. Ciò consente loro di identificare rapidamente quali strategie sono più promettenti e quali potrebbero richiedere ulteriori ottimizzazioni.

2. **Riduzione del rischio finanziario:** Utilizzando gli strumenti di simulazione, i giocatori possono testare le loro strategie senza dover effettivamente investire denaro reale. Ciò riduce significativamente il rischio finanziario associato alla sperimentazione di nuove strategie.

3. **Ottimizzazione dei parametri:** Le simulazioni consentono ai giocatori di regolare e ottimizzare i parametri delle loro strategie in base ai risultati ottenuti. Ad esempio, un giocatore potrebbe testare diverse combinazioni di numeri o variare l'importo delle scommesse per determinare quale configurazione produce i migliori risultati.

Esempio pratico:

Supponiamo che un giocatore abbia sviluppato una nuova strategia che si basa sull'utilizzo di determinati pattern numerici per selezionare i suoi numeri. Utilizzando uno strumento di simulazione, il giocatore può eseguire migliaia di simulazioni utilizzando questa strategia e raccogliere dati sui risultati ottenuti. In base a questi dati, il giocatore può valutare l'efficacia della strategia e apportare eventuali aggiustamenti o miglioramenti necessari.

Considerazioni importanti:

1. **Realismo delle simulazioni:** È importante che le simulazioni riflettano accuratamente le dinamiche del gioco del Lotto italiano, inclusi fattori come le probabilità di vincita, la distribuzione dei numeri estratti e le regole del gioco. Solo in questo modo i risultati delle simulazioni saranno rappresentativi della realtà.

2. **Ripetibilità e robustezza:** Le simulazioni dovrebbero essere ripetibili e robuste, in modo che i risultati ottenuti possano essere considerati affidabili e significativi. Ciò significa che le simulazioni dovrebbero essere eseguite più volte utilizzando gli stessi input, e i risultati dovrebbero essere coerenti tra loro.

Conclusione:

In conclusione, l'utilizzo di strumenti di simulazione è una pratica essenziale per valutare l'efficacia delle nuove strategie nel gioco del Lotto italiano. Questi strumenti forniscono ai giocatori un ambiente sicuro e controllato per testare le proprie idee, ottimizzarle e migliorarle prima di applicarle al gioco reale.

8.6 Collaborazione e condivisione di idee con altri giocatori esperti

La collaborazione e la condivisione di idee con altri giocatori esperti possono essere fondamentali per migliorare le proprie strategie nel gioco del Lotto italiano. In questo sesto paragrafo, esploreremo i vantaggi di lavorare insieme ad altri giocatori esperti e come questa collaborazione può portare a una migliore comprensione del gioco e alla creazione di strategie più efficaci.

Vantaggi della collaborazione:

1. *Scambio di conoscenze:* Lavorare con altri giocatori esperti consente di accedere a una vasta gamma di conoscenze e competenze nel campo del gioco del Lotto. Ogni giocatore può portare la propria esperienza e comprensione unica del gioco, consentendo di esplorare diverse prospettive e approcci.

2. *Feedback e revisione:* Collaborare con altri giocatori consente di ricevere feedback e suggerimenti su proprie strategie e idee. Questo feedback può essere estremamente prezioso nel rivedere e perfezionare le proprie strategie, identificando punti di forza e debolezza che potrebbero non essere stati considerati inizialmente.

3. *Sperimentazione congiunta:* Lavorare insieme ad altri giocatori consente di sperimentare e testare nuove strategie in modo più efficiente. Più teste possono essere eseguite contemporaneamente su diverse strategie, accelerando il processo di valutazione dell'efficacia di ciascuna.

Modalità di collaborazione:

1. *Gruppi di discussione online:* Forum e gruppi di discussione online dedicati al gioco del Lotto offrono un ambiente ideale per collaborare con altri giocatori esperti. Qui, i giocatori possono condividere idee, discutere strategie e offrire feedback reciproco.

2. *Gruppi di studio:* Creare gruppi di studio con altri giocatori interessati a migliorare le proprie strategie può essere estremamente utile. Riunendosi regolarmente, i membri del gruppo possono esplorare nuove idee, analizzare insieme i risultati e lavorare insieme per ottimizzare le proprie strategie.

3. *Partecipazione a eventi e conferenze:* Partecipare a eventi e conferenze dedicate al gioco del Lotto offre l'opportunità di incontrare e collaborare con altri giocatori esperti faccia a faccia. Questi eventi offrono spesso sessioni di networking e workshop in cui i giocatori possono condividere idee e conoscenze.

Esempio pratico:

Supponiamo che un giocatore abbia sviluppato una nuova strategia che si basa sull'utilizzo di algoritmi avanzati per selezionare i numeri da giocare. Collaborando con altri giocatori esperti attraverso un gruppo di studio online, il giocatore può condividere i dettagli della sua strategia e ricevere feedback e suggerimenti su come ottimizzarla ulteriormente. Attraverso questa collaborazione, il giocatore può identificare eventuali errori o aree di miglioramento nella sua strategia e apportare le modifiche necessarie.

Conclusione:

In conclusione, la collaborazione e la condivisione di idee con altri giocatori esperti possono essere strumenti potenti per migliorare le proprie strategie nel gioco del Lotto italiano. Lavorando insieme, i giocatori possono accedere a una vasta gamma di conoscenze, ricevere feedback prezioso e sperimentare con nuove idee in modo più efficiente.

8.7 Monitoraggio costante delle prestazioni delle strategie nel tempo

Il monitoraggio costante delle prestazioni delle strategie nel tempo è un aspetto cruciale per ogni giocatore serio del Lotto italiano. In questo settimo paragrafo, esamineremo l'importanza di monitorare attentamente le prestazioni delle nostre strategie nel corso del tempo e come questo possa contribuire al miglioramento continuo dei nostri approcci al gioco.

Importanza del monitoraggio:

1. *Identificazione di tendenze:* Il monitoraggio regolare delle prestazioni delle nostre strategie ci consente di identificare eventuali tendenze o modelli nei risultati delle estrazioni. Questo ci permette di valutare l'efficacia delle nostre strategie e di apportare eventuali modifiche o adattamenti in base alle tendenze osservate.

2. *Valutazione dell'efficacia:* Tenere traccia delle prestazioni delle nostre strategie nel tempo ci consente di valutare l'efficacia nel lungo termine. Possiamo analizzare se le strategie stanno producendo i risultati desiderati e se ci sono aree in cui possiamo migliorare o ottimizzare il nostro approccio al gioco.

3. **Adattamento alle variazioni del gioco:** Il Lotto italiano è un gioco soggetto a variazioni e cambiamenti nel tempo, come l'introduzione di nuove estrazioni o modifiche alle regole del gioco. Monitorare costantemente le prestazioni delle nostre strategie ci aiuta a adattarci e a rispondere prontamente a queste variazioni, assicurando che le nostre strategie rimangano rilevanti e efficaci nel contesto attuale del gioco.

Tecniche di monitoraggio:

1. **Registro delle estrazioni e dei risultati:** Mantenere un registro dettagliato delle estrazioni passate e dei risultati ottenuti è fondamentale per il monitoraggio delle prestazioni delle nostre strategie nel tempo. Possiamo utilizzare questo registro per tracciare le nostre vincite e le perdite, nonché per analizzare i pattern e le tendenze nei risultati delle estrazioni.

2. **Utilizzo di software e applicazioni:** Esistono numerosi software e applicazioni disponibili che consentono di monitorare e analizzare le prestazioni delle nostre strategie nel tempo. Questi strumenti possono automatizzare il processo di registrazione e analisi dei dati, fornendo inoltre funzionalità avanzate per visualizzare e interpretare i risultati.

3. **Confronto con altre strategie:** Monitorare le prestazioni delle nostre strategie nel confronto con altre strategie può fornire preziose informazioni sulle relative efficacia e sulla loro adattabilità nel contesto del gioco del Lotto italiano. Possiamo confrontare le nostre strategie con quelle di altri giocatori esperti e trarre insegnamenti dai loro successi e insuccessi.

Esempio pratico:

Supponiamo che un giocatore abbia sviluppato una strategia basata sull'analisi statistica dei numeri più frequenti nelle estrazioni passate. Monitorando costantemente le prestazioni di questa strategia nel corso del tempo, il giocatore potrebbe osservare che i numeri selezionati seguono ancora tendenze rilevanti o se, al contrario, è necessario apportare modifiche alla strategia per adattarla ai cambiamenti nel gioco.

Conclusione:

In conclusione, il monitoraggio costante delle prestazioni delle strategie nel tempo è un processo fondamentale per ogni giocatore serio del Lotto italiano. Questo ci consente di valutare l'efficacia delle nostre strategie, adattarci alle variazioni del gioco e migliorare continuamente il nostro approccio al gioco.

8.8 Adattamento delle strategie in base all'evoluzione del gioco e delle regole

Nel corso del tempo, il gioco del Lotto italiano può subire variazioni e cambiamenti nelle regole o nelle modalità di estrazione. In questo ottavo paragrafo, esploreremo l'importanza di adattare le nostre strategie di gioco in risposta a tali evoluzioni, fornendo linee guida pratiche su come farlo in modo efficace.

Monitoraggio delle modifiche del gioco:

1. **Analisi delle regole:** È essenziale tenersi aggiornati sulle regole del gioco del Lotto italiano. Le modifiche alle regole, come l'introduzione di nuove estrazioni o la variazione delle modalità di selezione dei numeri, possono influenzare significativamente l'efficacia delle nostre strategie. Pertanto, monitorare attentamente qualsiasi cambiamento nelle regole è il primo passo per adattare le nostre strategie di conseguenza.

2. **Valutazione delle tendenze delle estrazioni:** Oltre alle regole del gioco, è importante anche monitorare le tendenze delle estrazioni nel tempo. Se notiamo un cambiamento significativo nei pattern o nelle frequenze dei numeri estratti, potrebbe essere necessario rivedere e aggiornare le nostre strategie di selezione dei numeri per adattarle alle nuove tendenze.

Flessibilità delle strategie:

1. **Regolazione dei criteri di selezione:** In risposta a modifiche nelle regole del gioco o alle tendenze delle estrazioni, possiamo regolare i criteri di selezione dei numeri della nostra strategia. Ad esempio, se una nuova estrazione introduce un numero aggiuntivo, potremmo voler riconsiderare i nostri criteri di selezione per includere questo nuovo numero nel nostro approccio.

2. **Modifica delle combinazioni di gioco:** Se le regole del gioco del Lotto italiano cambiano per consentire nuove combinazioni o tipologie di scommessa, potremmo esplorare nuove strategie che sfruttino queste opportunità. Ad esempio, se viene introdotta la possibilità di giocare combinazioni più ampie di numeri, potremmo sviluppare nuove strategie che tengano conto di questa opzione.

Esempio pratico:

Supponiamo che le regole del gioco del Lotto italiano vengano modificate per consentire ai giocatori di selezionare un numero aggiuntivo per ogni estrazione. In risposta a questa modifica, un giocatore potrebbe aggiornare la sua strategia includendo il nuovo numero aggiuntivo nei criteri di selezione. Potrebbe anche esplorare nuove combinazioni di gioco che sfruttano questa opzione aggiuntiva per massimizzare le sue probabilità di vincita.

Conclusione:

In conclusione, adattare le nostre strategie in base all'evoluzione del gioco e delle regole è essenziale per mantenere la loro efficacia nel tempo. Monitorare attentamente le modifiche del gioco e essere flessibili nel modificare le nostre strategie sono le chiavi per continuare a massimizzare le nostre probabilità di vincita al gioco del Lotto italiano.

8.9 Approccio scientifico nel testare e raffinare le strategie di gioco

Nel nono capitolo, esploreremo l'importanza di adottare un approccio scientifico nel testare e raffinare le strategie di gioco per il Lotto italiano. Questo approccio metodico ci consente di valutare obiettivamente l'efficacia delle nostre strategie e di apportare miglioramenti basati su dati concreti.

Utilizzo di dati storici:

1. **Analisi statistica:** Iniziamo il processo utilizzando dati storici delle estrazioni per condurre un'analisi statistica approfondita. Questo ci consente di identificare modelli, tendenze e frequenze di numeri estratti nel corso del tempo. Ad esempio, possiamo utilizzare tecniche come l'analisi delle frequenze e l'esame delle distribuzioni per comprendere meglio il comportamento dei numeri nel gioco.

2. **Test ipotetici:** Basandoci sui dati storici, possiamo sviluppare ipotesi sulle strategie di gioco da testare. Ad esempio, potremmo ipotizzare che selezionare numeri in base a determinati criteri o pattern possa aumentare le probabilità di vincita. Queste ipotesi diventano poi il fondamento dei nostri esperimenti.

Metodologia sperimentale:

1. **Definizione delle variabili:** Prima di avviare un esperimento, dobbiamo definire chiaramente le variabili coinvolte. Questo potrebbe includere i criteri di selezione dei numeri, le dimensioni delle combinazioni di gioco e altre variabili rilevanti. Ad esempio, potremmo decidere di testare l'efficacia di diverse strategie di selezione dei numeri su un periodo di estrazioni specifico.

2. **Progettazione dell'esperimento:** Una volta definite le variabili, progettiamo l'esperimento in modo da garantire un'analisi accurata dei risultati. Possiamo pianificare di dividere le estrazioni in gruppi di controllo e gruppi sperimentali, o utilizzare altre tecniche di progettazione sperimentale per ridurre al minimo i bias e ottenere risultati significativi.

Valutazione dei risultati:

1. **Analisi dei dati:** Dopo aver condotto l'esperimento, analizziamo i dati raccolti per valutare l'efficacia delle strategie testate. Utilizziamo metodi statistici per determinare se ci sono differenze significative nei risultati tra i diversi gruppi sperimentali. Ad esempio, potremmo confrontare le frequenze di vincita o le prestazioni complessive delle strategie testate.

2. **Interpretazione dei risultati:** Interpretiamo i risultati dell'esperimento in modo critico, considerando sia le evidenze quantitative che qualitative. Questo ci consente di identificare punti di forza e debolezza delle strategie testate e di formulare raccomandazioni per il loro miglioramento. Ad esempio, potremmo scoprire che una strategia specifica ha portato a una maggiore frequenza di vincita, ma solo in determinate circostanze o con determinati criteri di selezione dei numeri.

Esempio pratico:

Supponiamo di voler testare l'efficacia di due diverse strategie di selezione dei numeri utilizzando dati storici delle estrazioni passate. Dividiamo le estrazioni in due gruppi: un gruppo di controllo che utilizza una strategia casuale e un gruppo sperimentale che utilizza una strategia basata su pattern specifici. Dopo un periodo di test, analizziamo i risultati per determinare se c'è una differenza significativa nelle frequenze di vincita tra i due gruppi.

Conclusione:

Un approccio scientifico nel testare e raffinare le strategie di gioco ci permette di prendere decisioni informate e di migliorare costantemente le nostre probabilità di vincita nel gioco del Lotto italiano.

8.10 Rispetto dei limiti personali e delle proprie capacità nel perseguire la vittoria

Nel decimo capitolo, esploreremo l'importanza di rispettare i limiti personali e le proprie capacità nel perseguire la vittoria nel gioco del Lotto italiano. È fondamentale comprendere che il gioco d'azzardo può comportare rischi e che è necessario adottare un approccio responsabile per garantire un'esperienza positiva e sostenibile.

Consapevolezza dei limiti:

1. *Gestione del bankroll:* Uno degli aspetti cruciali nella gestione del gioco è la corretta gestione del proprio bankroll. Ciò implica stabilire un budget specifico per il gioco e rispettarlo rigorosamente. Ad esempio, possiamo stabilire di destinare una determinata somma di denaro al gioco del Lotto ogni settimana e non superare mai questo limite, indipendentemente dagli esiti delle estrazioni.

2. *Autocontrollo e disciplina:* È importante sviluppare un forte senso di autocontrollo e disciplina nel gioco. Ciò significa evitare comportamenti impulsivi o compulsivi, come giocare in modo eccessivo o cercare di recuperare perdite con scommesse più grandi. Pratiche come il self-monitoring e la limitazione delle sessioni di gioco possono aiutare a mantenere un comportamento responsabile.

Conoscenza delle proprie capacità:

1. *Autovalutazione delle competenze:* Ogni giocatore dovrebbe valutare realisticamente le proprie competenze nel gioco del Lotto e agire di conseguenza. Sebbene ci siano strategie e tecniche che possono migliorare le probabilità di vincita, è importante capire che il Lotto è in gran parte un gioco di fortuna. Pertanto, non bisogna mai sovrastimare le proprie capacità di influenzare gli esiti delle estrazioni.

2. **Consapevolezza dei rischi:** È essenziale comprendere i rischi associati al gioco d'azzardo e valutare se si è disposti e in grado di affrontarli in modo responsabile. Questo include essere consapevoli della possibilità di perdite finanziarie e dell'impatto emotivo che possono avere sul benessere psicologico. Se ci si rende conto di non essere in grado di gestire i rischi in modo sano, è importante considerare di limitare o interrompere il gioco del Lotto.

Esempio pratico:

Immaginiamo un giocatore che, nonostante abbia subito diverse perdite consecutive, continua a scommettere somme sempre più grandi nella speranza di recuperare le perdite. In questo caso, il rispetto dei limiti personali richiederebbe al giocatore di fermarsi, riconsiderare il proprio approccio al gioco e, se necessario, cercare supporto per affrontare eventuali problemi di gioco d'azzardo.

Conclusioni:

Il rispetto dei limiti personali e delle proprie capacità nel perseguire la vittoria nel gioco del Lotto italiano è fondamentale per garantire un'esperienza di gioco positiva e sostenibile nel lungo termine.

IX. Consigli per la Pratica Sicura e Legale

9.1 Conoscenza delle leggi e delle normative sul gioco d'azzardo

Nel nono capitolo, affronteremo un aspetto fondamentale per chiunque decida di avventurarsi nel mondo del gioco d'azzardo: la conoscenza delle leggi e delle normative che regolano questa attività in Italia. È essenziale comprendere le disposizioni legali e le regolamentazioni pertinenti per garantire un'esperienza di gioco legale, sicura e responsabile.

Normative sul gioco d'azzardo in Italia:

1. **Legislazione nazionale:** In Italia, il gioco d'azzardo è regolamentato da una serie di leggi e disposizioni normative a livello nazionale. Tra queste, la legge principale è il "Testo Unico delle Leggi di Pubblica Sicurezza" (TULPS), che disciplina diversi aspetti del gioco d'azzardo, inclusi i giochi numerici come il Lotto.

2. **Autorità di regolamentazione:** L'Agenzia delle Dogane e dei Monopoli (ADM) è l'organismo statale responsabile della regolamentazione e del controllo del settore del gioco d'azzardo in Italia. Essa rilascia le licenze per l'operatività dei vari operatori di gioco, monitora il rispetto delle normative e protegge gli interessi dei giocatori.

Limitazioni e restrizioni:

1. **Età minima:** Secondo la legge italiana, per partecipare al gioco del Lotto è necessario avere almeno 18 anni di età. Questa restrizione è finalizzata a proteggere i minori dai rischi associati al gioco d'azzardo.

2. **Limiti di spesa:** Al fine di promuovere un gioco responsabile, sono stati introdotti limiti di spesa giornalieri e mensili per il gioco del Lotto. Questi limiti variano a seconda della tipologia di gioco e sono stabiliti per evitare comportamenti di gioco eccessivi che potrebbero portare a problemi di dipendenza.

Penalità per violazioni:

1. **Sanzioni penali e amministrative:** La violazione delle normative sul gioco d'azzardo può comportare sanzioni penali e amministrative sia per gli operatori di gioco che per i giocatori stessi. Le sanzioni possono includere multe, confische e persino pene detentive in casi gravi di violazione della legge.

2. **Blocco dei siti non autorizzati:** In Italia, è illegale partecipare a giochi d'azzardo su siti non autorizzati dall'ADM. Pertanto, i giocatori devono prestare attenzione e assicurarsi di giocare solo su piattaforme legali e regolamentate per evitare conseguenze legali.

Esempio pratico:

Immaginiamo un individuo che desidera iniziare a giocare al Lotto online. Prima di iniziare, è fondamentale che si informi sulle leggi e le normative in vigore, verifichi l'affidabilità dell'operatore di gioco e si assicuri di rispettare i limiti di età e di spesa previsti dalla legge.

Conclusioni:

La conoscenza delle leggi e delle normative sul gioco d'azzardo è un prerequisito fondamentale per chiunque desideri impegnarsi nel gioco del Lotto italiano in modo legale, sicuro e responsabile.

9.2 Identificazione dei siti e delle piattaforme autorizzate per giocare al Lotto

Quando si decide di partecipare al gioco del Lotto online, è essenziale individuare e utilizzare solo siti e piattaforme autorizzate dall'Agenzia delle Dogane e dei Monopoli (ADM), l'autorità di regolamentazione del gioco d'azzardo in Italia. La scelta di una piattaforma autorizzata garantisce un'esperienza di gioco legale, sicura e protetta.

Verifica dell'autorizzazione ADM:

1. **Consulta il sito ADM:** L'ADM mantiene un elenco ufficiale di tutti gli operatori di gioco autorizzati. Prima di registrarsi su qualsiasi piattaforma, assicurati di consultare questo elenco per verificare se l'operatore è regolarmente autorizzato.

2. **Cerca il logo ADM:** Le piattaforme autorizzate mostrano chiaramente il logo dell'ADM sul loro sito web. Questo logo è un segno distintivo di conformità alle normative italiane sul gioco d'azzardo.

Verifica della licenza:

1. **Controlla il numero di licenza:** Ogni operatore autorizzato riceve un numero di licenza univoco rilasciato dall'ADM. Questo numero dovrebbe essere facilmente accessibile sul sito web della piattaforma di gioco.

2. **Verifica la validità della licenza:** Assicurati che la licenza dell'operatore sia valida e non scaduta. Puoi farlo visitando il sito web dell'ADM e verificando lo stato della licenza dell'operatore desiderato.

Feedback degli utenti e recensioni:

1. **Leggi le recensioni degli utenti:** Cerca recensioni e testimonianze di altri giocatori online. Le opinioni degli utenti possono fornire preziose informazioni sulla qualità del servizio offerto dalla piattaforma e sulla sua affidabilità.

2. **Attenzione alle recensioni negative:** Presta particolare attenzione alle recensioni negative che segnalano problemi di pagamento, pratiche poco trasparenti o altri comportamenti sospetti. Se incontri molte recensioni negative su una piattaforma, potrebbe essere meglio evitare di utilizzarla.

Esempio pratico:

Supponiamo che un giocatore, Luca, desideri iscriversi a un sito di gioco online per partecipare al Lotto. Luca consulta l'elenco degli operatori autorizzati sul sito ADM e verifica che la piattaforma scelta mostri chiaramente il logo ADM e fornisca un numero di licenza valido. Inoltre, legge alcune recensioni degli utenti per assicurarsi che la piattaforma sia affidabile e offre un servizio di qualità.

Conclusioni:

La scelta di una piattaforma autorizzata per giocare al Lotto è fondamentale per garantire un'esperienza di gioco legale e sicura. Seguendo i passaggi sopra descritti, i giocatori possono identificare facilmente piattaforme affidabili e evitare rischi legati al gioco d'azzardo online.

9.3 Consigli per proteggere le informazioni personali durante il gioco online

Giocare al Lotto online può essere divertente e conveniente, ma è fondamentale proteggere le proprie informazioni personali per evitare problemi di sicurezza e privacy. Ecco alcuni consigli pratici per proteggere le tue informazioni mentre giochi online:

1. Utilizza piattaforme sicure:

Scegli piattaforme di gioco online che utilizzano tecnologie di crittografia avanzate per proteggere i dati personali e finanziari dei giocatori. Cerca il lucchetto verde nella barra degli indirizzi del tuo browser o verifica se l'URL inizia con "https://" per assicurarti che la connessione sia sicura.

2. Crea password robuste:

Utilizza password lunghe e complesse per il tuo account di gioco online. Evita password facilmente indovinabili come date di nascita o nomi comuni. Una password sicura dovrebbe includere una combinazione di lettere maiuscole e minuscole, numeri e caratteri speciali.

3. Usa l'autenticazione a due fattori:

Attiva l'autenticazione a due fattori (2FA) ogni volta che è disponibile. Questo aggiunge un livello aggiuntivo di sicurezza richiedendo un codice di verifica generato da un'applicazione autenticatore o inviato tramite SMS ogni volta che accedi al tuo account.

4. Limita le informazioni condivise:

Evita di condividere informazioni personali sensibili come il tuo numero di carta di credito o il codice fiscale su piattaforme di gioco online. Fornisci solo le informazioni strettamente necessarie per creare e gestire il tuo account.

5. Utilizza metodi di pagamento sicuri:

Preferisci metodi di pagamento sicuri come carte di credito o servizi di pagamento online rinomati. Evita di utilizzare carte di debito collegate direttamente al tuo conto bancario e verifica regolarmente i tuoi estratti conto per rilevare eventuali transazioni sospette.

Esempio pratico:

Marco, un giocatore online, utilizza una piattaforma di gioco autorizzata per partecipare al Lotto italiano. Per proteggere le sue informazioni personali, Marco crea una password complessa per il suo account, attiva l'autenticazione a due fattori e utilizza una carta di credito virtuale per effettuare depositi sulla piattaforma di gioco.

Conclusioni:

Proteggere le informazioni personali durante il gioco online è essenziale per garantire una esperienza di gioco sicura e privata. Seguendo i consigli sopra descritti, i giocatori possono ridurre al minimo i rischi di violazione della privacy e proteggere i propri dati sensibili durante il gioco online.

9.4 Educazione sui rischi associati al gioco d'azzardo e sulle possibili dipendenze

Il gioco d'azzardo, incluso il Lotto, comporta rischi significativi, tra cui la possibilità di sviluppare dipendenze dannose. È essenziale per i giocatori comprendere appieno questi rischi e adottare misure preventive per proteggere la propria salute mentale e finanziaria. Ecco alcuni punti chiave sull'educazione riguardo ai rischi del gioco d'azzardo:

1. Comprendere i rischi:

I giocatori dovrebbero essere consapevoli dei rischi associati al gioco d'azzardo, compresa la perdita di denaro, il tempo e l'energia investiti nel gioco, nonché l'eventuale sviluppo di dipendenze. Educarsi sui segni precoci di dipendenza dal gioco d'azzardo è fondamentale per intervenire tempestivamente.

2. Riconoscere i segni della dipendenza:

È importante essere in grado di riconoscere i segni della dipendenza dal gioco d'azzardo, che possono includere la perdita del controllo sulle scommesse, il bisogno di giocare con sempre maggiore frequenza e l'ignorare le conseguenze negative del gioco. Se si notano questi segni in sé stessi o in altri, è importante cercare aiuto professionale.

3. Cercare supporto:

Esistono molte risorse disponibili per coloro che lutta con il gioco d'azzardo compulsivo. Queste includono linee telefoniche di assistenza, gruppi di supporto e consulenti specializzati in problemi legati al gioco d'azzardo. Non esitare a chiedere aiuto se si ritiene di avere un problema di dipendenza dal gioco.

4. Impostare limiti:

I giocatori dovrebbero impostare limiti chiari sul tempo e sul denaro che intendono dedicare al gioco d'azzardo. È importante rispettare questi limiti e non superarli, anche quando si è tentati di continuare a giocare per recuperare le perdite.

5. Coinvolgere familiari e amici:

Familiari e amici possono svolgere un ruolo fondamentale nel supportare i giocatori che lottano con il gioco d'azzardo problematico. È importante parlare apertamente dei problemi legati al gioco e cercare il sostegno degli altri quando necessario.

Esempio pratico:

Chiara ha iniziato a giocare al Lotto online come forma di intrattenimento, ma ha gradualmente sviluppato una dipendenza dal gioco. Dopo aver riconosciuto i segni della dipendenza, ha cercato aiuto da un consulente specializzato e ha coinvolto la sua famiglia nel suo percorso di recupero.

Conclusioni:

L'educazione sui rischi associati al gioco d'azzardo e sulle possibili dipendenze è essenziale per proteggere la salute e il benessere dei giocatori. Con una maggiore consapevolezza e accesso a risorse di supporto, i giocatori possono affrontare i rischi del gioco d'azzardo in modo più responsabile e prevenire l'insorgenza di dipendenze dannose.

9.5 Strategie per riconoscere e affrontare i segni precoci di problemi legati al gioco

Riconoscere i segni precoci di problemi legati al gioco è fondamentale per intervenire tempestivamente e prevenire l'aggravarsi della situazione. Ecco alcune strategie pratiche per individuare e affrontare questi segni:

1. Autovalutazione:

I giocatori dovrebbero periodicamente valutare il loro rapporto con il gioco d'azzardo. Chiedersi se si sta giocando in modo responsabile, se si sta investendo più tempo e denaro del previsto e se si sente il bisogno di giocare sempre di più per provare emozioni. L'autovalutazione onesta può aiutare a individuare i segni precoci di problemi legati al gioco.

2. Monitoraggio delle abitudini di gioco:

Tenere traccia delle proprie abitudini di gioco, inclusi i tempi, le frequenze e le somme scommesse, può fornire preziose informazioni sul proprio comportamento di gioco. Se si nota un aumento significativo delle scommesse o del tempo trascorso a giocare, potrebbe essere un segno di un problema emergente.

3. Osservazione dei cambiamenti comportamentali:

Fare attenzione ai cambiamenti comportamentali può aiutare a individuare segni precoci di problemi legati al gioco. Questi cambiamenti possono includere irritabilità, ansia, depressione, distrazione e isolamento sociale. Se si nota un cambiamento significativo nel proprio umore o comportamento correlato al gioco, potrebbe essere il momento di chiedere aiuto.

4. Coinvolgimento di familiari e amici:

Spesso, familiari e amici possono notare segni precoci di problemi legati al gioco prima che il giocatore stesso ne sia consapevole. È importante ascoltare attentamente le preoccupazioni dei propri cari e prendere sul serio i loro suggerimenti. Il supporto sociale può svolgere un ruolo cruciale nel superare le sfide legate al gioco d'azzardo.

5. Ricerca di aiuto professionale:

Se si sospetta di avere un problema legato al gioco, è importante cercare immediatamente aiuto da parte di professionisti qualificati. Ci sono molte risorse disponibili, tra cui consulenti specializzati in problemi di gioco d'azzardo, gruppi di supporto e linee telefoniche di assistenza. Non esitare a raggiungere queste risorse per ottenere il supporto necessario.

Esempio pratico:

Marco ha notato che ultimamente passa sempre più tempo a giocare al Lotto online e che sta scommettendo somme sempre più consistenti di denaro. Inizialmente, ha pensato di poter controllare la situazione da solo, ma ha poi realizzato che stava sviluppando una dipendenza dal gioco. Ha deciso di chiedere aiuto a un consulente specializzato e di coinvolgere la sua famiglia nel suo percorso di recupero.

Conclusioni:

Riconoscere e affrontare i segni precoci di problemi legati al gioco è fondamentale per proteggere la propria salute mentale e finanziaria. Con una maggiore consapevolezza e l'aiuto delle risorse disponibili, i giocatori possono intervenire tempestivamente per affrontare i problemi legati al gioco d'azzardo in modo efficace.

9.6 L'importanza del supporto familiare e sociale nel mantenere un comportamento di gioco responsabile

Il sostegno familiare e sociale svolge un ruolo cruciale nel promuovere un comportamento di gioco responsabile e nel prevenire i problemi legati al gioco d'azzardo. Ecco perché è fondamentale coinvolgere familiari, amici e altri membri della comunità nel percorso di gioco.

1. Supporto emotivo:

Il sostegno familiare può fornire un'ancora di stabilità emotiva per coloro che stanno affrontando problemi legati al gioco. La presenza di familiari amorevoli e comprensivi può aiutare a ridurre lo stress e l'ansia associati al gioco d'azzardo problematico e incoraggiare il giocatore a cercare aiuto.

2. Monitoraggio condiviso:

Coinvolgere la famiglia nel monitorare le abitudini di gioco può contribuire a mantenere una maggiore trasparenza e responsabilità. Ad esempio, il giocatore potrebbe condividere con i familiari i limiti di tempo e di denaro che si è imposto e chiedere il loro aiuto nel rispettarli.

3. Comunicazione aperta:

Favorire la comunicazione aperta e onesta all'interno della famiglia può aiutare a individuare precocemente eventuali segnali di avvertimento legati al gioco d'azzardo problematico. I familiari dovrebbero sentirsi liberi di esprimere le proprie preoccupazioni senza timore di giudizio, incoraggiando così il giocatore a confrontarsi con la propria situazione.

4. Coinvolgimento della comunità:

Oltre al sostegno familiare, è importante coinvolgere anche la comunità locale nel promuovere un comportamento di gioco responsabile. Organizzazioni, gruppi di supporto e servizi di consulenza presenti nella comunità possono offrire risorse preziose e un ambiente di sostegno per coloro che stanno affrontando problemi legati al gioco.

Esempio pratico:

Chiara, una giocatrice abituale di Lotto, ha iniziato a trascorrere sempre più tempo e denaro sul gioco, trascurando i suoi impegni familiari e lavorativi. Preoccupati per il suo benessere, i suoi familiari hanno iniziato a mostrare segni di preoccupazione e hanno espresso apertamente le loro preoccupazioni. Questo sostegno familiare ha spinto Chiara a riflettere sulla propria situazione e a cercare aiuto da professionisti del settore.

Conclusioni:

Il sostegno familiare e sociale è un pilastro fondamentale nel mantenere un comportamento di gioco responsabile e nel prevenire i problemi legati al gioco d'azzardo. Coinvolgere la famiglia e la comunità può fornire un importante sistema di supporto per coloro che stanno lottando con il gioco problematico, incoraggiandoli a cercare aiuto e a perseguire un percorso di recupero.

9.7 Utilizzo di strumenti di auto-esclusione in caso di necessità

Quando il gioco d'azzardo inizia a diventare un problema, è importante avere a disposizione strumenti efficaci per proteggere se stessi. Tra questi strumenti, uno dei più utilizzati è l'auto-esclusione, un meccanismo che consente ai giocatori di auto-limitarsi l'accesso ai servizi di gioco per un determinato periodo di tempo. Vediamo come funziona e come può essere utilizzato in modo efficace.

1. Cos'è l'auto-esclusione:

L'auto-esclusione è un programma che consente ai giocatori di auto-limitare la propria partecipazione al gioco d'azzardo. Questo può includere l'esclusione da casinò, sale da gioco, piattaforme online di scommesse e giochi di lotteria. Durante il periodo di auto-esclusione, il giocatore non può partecipare a nessuna forma di gioco d'azzardo su tali piattaforme.

2. Come funziona:

Per avviare il processo di auto-esclusione, il giocatore deve
contattare l'operatore del gioco d'azzardo e richiedere l'auto-
esclusione volontaria. Questo può essere fatto tramite telefono,
email o attraverso apposite procedure online. Il giocatore
specifica il periodo di auto-esclusione, che può variare da
poche settimane a diversi anni, a seconda delle proprie
esigenze.

3. Efficacia e limitazioni:

L'auto-esclusione può essere un efficace strumento di autocontrollo per i giocatori che lottano con il gioco d'azzardo
problematico. Tuttavia, è importante essere consapevoli delle
sue limitazioni. Ad esempio, l'auto-esclusione non impedisce al
giocatore di accedere a piattaforme di gioco diverse da quelle
escluse, né può garantire il recupero completo dalla dipendenza
dal gioco.

4. Consapevolezza e monitoraggio:

Per massimizzare l'efficacia dell'auto-esclusione, è
fondamentale mantenere una costante consapevolezza della
propria situazione e monitorare da vicino i propri
comportamenti di gioco. Inoltre, è consigliabile coinvolgere
familiari e amici nel processo, in modo da avere un sistema di
supporto durante il periodo di auto-esclusione.

Esempio pratico:

Luca, un giocatore abituale di Lotto, ha iniziato a notare un
aumento del tempo e del denaro speso sul gioco. Preoccupato
per il suo benessere, Luca ha deciso di auto-escludersi dalle
piattaforme online di gioco per sei mesi. Durante questo
periodo, si è concentrato sul recupero e sulle attività alternative,
ottenendo il supporto della sua famiglia e di un terapista
specializzato nel trattamento del gioco d'azzardo problematico.

L'auto-esclusione è stata una parte importante del suo percorso di recupero, permettendogli di interrompere il ciclo del gioco problematico e di riacquistare il controllo sulla propria vita.

9.8 Rispetto delle proprie limitazioni finanziarie e psicologiche nel gioco

Nel gioco d'azzardo, è essenziale stabilire e rispettare le proprie limitazioni finanziarie e psicologiche per mantenere un comportamento di gioco responsabile. Questo capitolo esplorerà l'importanza di questo principio e fornirà consigli pratici su come farlo.

1. Definire un budget di gioco:

Il primo passo per rispettare le proprie limitazioni finanziarie è stabilire un budget di gioco. Questo dovrebbe essere un importo che ci si può permettere di perdere senza compromettere il proprio benessere finanziario. È importante essere realistici nel determinare questo budget e non superarlo mai, anche in caso di perdite.

2. Tenere traccia delle entrate e delle uscite:

Per mantenere il controllo sul proprio budget di gioco, è fondamentale tenere traccia delle entrate e delle uscite. Ciò significa registrare accuratamente quanto si spende per il gioco d'azzardo e confrontarlo con il proprio budget stabilito. Tenere un diario delle spese può essere utile per individuare eventuali pattern problematici.

3. Impostare limiti di tempo e sessioni di gioco:

Oltre ai limiti finanziari, è importante anche stabilire limiti di tempo per le sessioni di gioco. Questo può aiutare a prevenire la perdita di controllo eccessivo e a mantenere un approccio disciplinato al gioco. Ad esempio, si potrebbe decidere di giocare solo per un'ora al giorno o di limitare le sessioni di gioco a un certo numero di estrazioni.

4. Conoscere i propri limiti psicologici:

Oltre ai limiti finanziari, è altrettanto importante riconoscere e rispettare i propri limiti psicologici. Ciò significa essere consapevoli dei propri sentimenti e reazioni durante il gioco e fermarsi quando si inizia a sentirsi stressati, ansiosi o irritati. Se il gioco d'azzardo inizia a influenzare negativamente il proprio benessere psicologico, è importante cercare aiuto e supporto.

Esempio pratico:

Anna ha un budget mensile di 100 euro per il gioco del lotto. Ha deciso di giocare solo tre volte a settimana, limitando ogni sessione di gioco a un massimo di 30 minuti. Inoltre, tiene un registro dettagliato delle sue spese di gioco e tiene traccia del suo umore durante le sessioni di gioco. Se si sente stressata o preoccupata mentre gioca, interrompe immediatamente la sessione e cerca attività alternative per rilassarsi.

9.9 Consulenza professionale e supporto disponibile per coloro che incontrano difficoltà

Quando il gioco d'azzardo diventa problematico e supera i limiti del divertimento, è importante cercare aiuto e supporto da professionisti qualificati. Questo paragrafo esplorerà le opzioni di consulenza professionale e il supporto disponibile per coloro che incontrano difficoltà nel gioco d'azzardo.

1. Servizi di consulenza specializzati:

Esistono organizzazioni e servizi dedicati a fornire supporto a coloro che lutano con il gioco d'azzardo compulsivo. Questi includono psicologi clinici, assistenti sociali e terapisti specializzati nel trattamento della dipendenza da gioco. Questi professionisti offrono consulenza individuale e di gruppo, aiutando le persone a comprendere le cause sottostanti del loro comportamento di gioco e adottare strategie per affrontarlo.

2. Linee di supporto telefonico:

Molte organizzazioni offrono linee telefoniche di supporto disponibili 24 ore su 24, 7 giorni su 7, per coloro che hanno bisogno di parlare con qualcuno riguardo al loro problema di gioco. Queste linee sono gestite da operatori addestrati che forniscono sostegno emotivo, informazioni e indirizzano alle risorse appropriate per ulteriore assistenza.

3. Gruppi di auto-aiuto:

I gruppi di auto-aiuto, come i Gamblers Anonymous, offrono un ambiente di supporto dove le persone possono condividere le proprie esperienze con gli altri membri e ricevere sostegno reciproco. Partecipare a questi gruppi può aiutare a combattere l'isolamento e fornire un senso di appartenenza a una comunità che comprende le sfide legate al gioco d'azzardo.

4. Programmi di trattamento specializzati:

Per coloro che richiedono un intervento più strutturato, ci sono programmi di trattamento specializzati che offrono una combinazione di terapia individuale, terapia di gruppo e supporto medico. Questi programmi sono progettati per affrontare la dipendenza da gioco in modo completo e possono essere condotti in ospedali, cliniche specializzate o centri di riabilitazione.

Esempio pratico:

Luca, dopo aver notato un aumento del tempo e del denaro speso nel gioco d'azzardo, decide di contattare una linea telefonica di supporto. Parlando con un consulente esperto, ottiene consigli su come affrontare il problema e viene indirizzato a un gruppo di auto-aiuto locale. Partecipando regolarmente alle riunioni del gruppo, Luca trova il sostegno e la motivazione necessari per affrontare il suo problema e inizia a prendere misure concrete per recuperare il controllo della sua vita.

9.10 Promozione di un approccio positivo e consapevole al gioco responsabile

Per garantire un'esperienza di gioco sicura e soddisfacente, è essenziale adottare un approccio positivo e consapevole al gioco d'azzardo. In questo paragrafo, esploreremo le strategie per promuovere tale approccio e garantire che il gioco rimanga divertente e responsabile per tutti i giocatori.

1. Stabilire limiti di gioco:

Impostare limiti chiari sul tempo e sul denaro da dedicare al gioco è fondamentale per mantenere il controllo. Questi limiti dovrebbero essere realistici e rispettati rigorosamente. Ad esempio, decidere di giocare solo per un certo periodo di tempo ogni giorno o di non superare una determinata somma di denaro spesa per le scommesse.

2. Monitorare il proprio comportamento di gioco:

Essere consapevoli dei propri schemi di gioco e dei cambiamenti nel comportamento è essenziale per riconoscere eventuali segni precoci di problematiche legate al gioco d'azzardo. Tenere un diario di gioco può essere utile per registrare le sessioni di gioco, le vincite e le perdite, nonché le emozioni associate al gioco.

3. Partecipare a programmi di educazione al gioco responsabile:

Molti operatori di gioco offrono programmi di educazione al gioco responsabile che forniscono informazioni sui rischi associati al gioco d'azzardo e sulle strategie per mantenerlo divertente e sicuro. Partecipare a questi programmi può aumentare la consapevolezza e fornire strumenti pratici per gestire il proprio comportamento di gioco.

4. Coinvolgere amici e familiari:

Condividere il proprio impegno per il gioco responsabile con amici e familiari può fornire un ulteriore livello di responsabilità e sostegno. Parlando apertamente dei limiti di gioco e chiedendo il sostegno delle persone care, è possibile creare un ambiente di supporto che favorisca un comportamento di gioco sano e responsabile.

5. Celebrare le vittorie in modo moderato:

Anche se vincere è un'esperienza gratificante, è importante mantenere una prospettiva equilibrata e celebrare le vittorie in modo moderato. Evitare di lasciarsi trascinare dall'entusiasmo e di reinvestire immediatamente le vincite può aiutare a mantenere il controllo e a preservare il divertimento nel lungo termine.

Esempio pratico:

Martina, appassionata giocatrice di lotteria, decide di stabilire dei limiti di gioco dopo aver notato un aumento del tempo trascorso sulle piattaforme online di gioco. Si impegna a giocare solo per un'ora al giorno e a non spendere più di un certo importo settimanale per le scommesse. Inoltre, coinvolge il suo partner e alcuni amici nel suo impegno per il gioco responsabile, chiedendo loro di monitorare il suo comportamento di gioco e di fornire sostegno in caso di necessità.

X. Successo nel Lungo Termine

10.1 Definizione del successo nel contesto del gioco del Lotto

Nel contesto del gioco del Lotto, il concetto di successo può essere complesso e soggettivo, poiché varia da individuo a individuo. Mentre per alcuni il successo può essere definito semplicemente come la vincita di una somma di denaro, per altri potrebbe significare raggiungere determinati obiettivi personali o sentirsi soddisfatti del proprio approccio al gioco. In questo capitolo, esploreremo diverse prospettive sul concetto di successo nel gioco del Lotto e forniremo strategie pratiche per definirlo e raggiungerlo in modo efficace.

1. Vincita finanziaria:

Per molti giocatori, il successo nel gioco del Lotto è tradizionalmente associato alla vincita di una somma di denaro. Tuttavia, è importante essere realistici riguardo alle probabilità di vincita e non considerare la vittoria come l'unico indicatore di successo. In questo contesto, il successo può essere misurato non solo dalla quantità di denaro vinta, ma anche dalla capacità di gestire le risorse finanziarie in modo responsabile e sostenibile nel lungo termine.

2. Consistenza nel raggiungimento degli obiettivi:

Per alcuni giocatori, il successo nel gioco del Lotto può essere definito dalla capacità di raggiungere determinati obiettivi prefissati. Questi obiettivi potrebbero includere la vincita di una certa quantità di denaro entro un periodo di tempo specifico, il raggiungimento di una serie di piccole vincite o la riduzione delle perdite complessive. La consistenza nel raggiungere questi obiettivi può essere considerata un segno di successo nel lungo termine.

3. Soddisfazione personale:

Per molti giocatori, il successo nel gioco del Lotto può essere collegato alla soddisfazione personale derivante dall'esperienza di gioco. Questo può includere il divertimento e l'emozione provati durante il gioco, la sfida di sviluppare strategie vincenti e la gratificazione di vedere i propri sforzi premiati, anche se non necessariamente con una vittoria finanziaria. In questo contesto, il successo può essere misurato dalla qualità dell'esperienza di gioco e dalla soddisfazione derivante da essa.

Esempio pratico:

Marco, un giocatore appassionato di Lotto, definisce il successo non solo in base alle vincite finanziarie, ma anche alla capacità di gestire in modo responsabile il proprio gioco e di godere dell'esperienza complessiva. Pur non vincendo sempre grandi somme di denaro, Marco si considera un giocatore di successo poiché riesce a mantenere il controllo sulle sue scommesse, ad applicare strategie razionali e a godersi il gioco senza sviluppare comportamenti rischiosi o compulsivi.

10.2 Realismo nelle aspettative e nell'approccio al gioco

Un aspetto cruciale per raggiungere il successo nel gioco del Lotto è mantenere un approccio realistico sia nelle aspettative che nelle strategie di gioco. Questo paragrafo esplorerà l'importanza del realismo e fornirà consigli pratici su come adottare un approccio sensato e ragionato.

1. Comprensione delle probabilità:

È fondamentale comprendere le probabilità effettive di vincita nel gioco del Lotto. Ad esempio, la probabilità di vincere il jackpot nel Lotto Italiano è estremamente bassa, circa 1 su 622 milioni. Conoscere queste cifre aiuta i giocatori a mantenere le aspettative realistiche e a evitare delusioni ingiustificate. Un giocatore ben informato è meno incline a sviluppare false speranze e può prendere decisioni più ponderate.

2. Stabilire limiti finanziari:

Un approccio realistico al gioco include la definizione di limiti finanziari chiari e il rispetto di questi limiti. Decidere in anticipo quanto denaro si è disposti a spendere e attenersi a questo budget è essenziale per evitare problemi finanziari. Ad esempio, Anna, una giocatrice responsabile, stabilisce un budget mensile di 50 euro per il Lotto e non lo supera mai, indipendentemente dai risultati.

3. Obiettivi a breve termine vs. a lungo termine:

È importante distinguere tra obiettivi a breve termine e a lungo termine. Gli obiettivi a breve termine possono includere il divertimento e l'apprendimento, mentre gli obiettivi a lungo termine potrebbero concentrarsi sulla gestione responsabile del denaro e sulla riduzione delle perdite complessive. Questa distinzione aiuta i giocatori a mantenere una prospettiva equilibrata e a evitare comportamenti impulsivi.

4. Accettazione delle perdite:

Nel gioco del Lotto, le perdite sono inevitabili. Un approccio realistico implica l'accettazione delle perdite come parte del gioco. Invece di cercare di recuperare immediatamente le somme perse, è più sensato valutare le proprie strategie e imparare dai propri errori. Marco, un giocatore esperto, sa che le perdite fanno parte del gioco e utilizza queste esperienze per migliorare le sue tecniche di gioco.

Esempio pratico:

Luca, un appassionato di Lotto, ha imparato ad adottare un approccio realistico al gioco. Comprendendo le probabilità di vincita e stabilendo limiti finanziari rigorosi, Luca riesce a godersi il gioco senza mettere a rischio il suo benessere finanziario. Inoltre, Luca ha imparato ad accettare le perdite come parte del processo, utilizzandole come opportunità per affinare le sue strategie.

Adottare un approccio realistico non solo aiuta a mantenere il controllo sul proprio gioco, ma contribuisce anche a una esperienza più soddisfacente e meno stressante. Mantenendo le aspettative realistiche e prendendo decisioni informate, i giocatori possono migliorare le loro probabilità di successo a lungo termine.

10.3 Strategie per mantenere la motivazione e la disciplina nel lungo termine

Nel gioco del Lotto, come in qualsiasi attività che richiede dedizione e costanza, mantenere alta la motivazione e la disciplina è fondamentale per raggiungere i propri obiettivi. Questo paragrafo esplorerà strategie pratiche per sostenere la motivazione e la disciplina nel lungo termine, garantendo che il gioco rimanga un'attività controllata e piacevole.

1. Definire obiettivi chiari e raggiungibili:

Stabilire obiettivi chiari e realistici è il primo passo per mantenere la motivazione. Questi obiettivi possono essere a breve, medio e lungo termine. Ad esempio, un obiettivo a breve termine potrebbe essere studiare le estrazioni degli ultimi sei mesi, mentre un obiettivo a lungo termine potrebbe essere sviluppare un sistema di gioco personalizzato basato sui dati storici.

2. Creare una routine di gioco:

Una routine ben strutturata aiuta a mantenere la disciplina. Decidere in anticipo quando e quanto tempo dedicare all'analisi dei dati e alla selezione dei numeri può fare una grande differenza. Per esempio, Giulia dedica ogni sabato mattina un'ora all'analisi delle ultime estrazioni e alla revisione delle sue strategie.

3. Tenere un diario di gioco:

Mantenere un diario di gioco è un modo efficace per monitorare i progressi e riflettere sulle esperienze passate. Annotare i numeri giocati, le somme spese e i risultati ottenuti aiuta a identificare schemi e a fare aggiustamenti informati alle strategie. Luca, ad esempio, utilizza un quaderno per annotare tutte le sue giocate e le relative analisi, che gli permette di vedere chiaramente le tendenze nel tempo.

4. Rimanere aggiornati e informati:

Essere costantemente aggiornati sulle ultime novità e tendenze del Lotto è cruciale per mantenere la motivazione. Iscriversi a newsletter specializzate, partecipare a forum di discussione e seguire blog di esperti del settore possono fornire nuove idee e prospettive utili. Marco, ad esempio, legge regolarmente articoli su strategie di gioco e partecipazione a webinar organizzati da esperti di statistica applicata al Lotto.

5. Celebrare i successi:

Riconoscere e celebrare i piccoli successi lungo il percorso aiuta a mantenere alta la motivazione. Anche una vincita modesta può essere un segnale positivo che le strategie adottate stanno funzionando. Anna, dopo una vincita anche piccola, si concede un piccolo premio, come una cena fuori, per mantenere alto il morale e la motivazione.

Esempio pratico:

Federico, un giocatore disciplinato, ha sviluppato una serie di strategie per mantenere la motivazione nel tempo. Ha stabilito obiettivi chiari, come migliorare il suo sistema di previsione ogni sei mesi, e ha creato una routine settimanale per l'analisi dei numeri. Mantiene un diario dettagliato di tutte le sue giocate e celebra ogni piccola vittoria con una ricompensa. Questo approccio gli ha permesso di rimanere motivato e disciplinato, migliorando costantemente le sue probabilità di successo.

Adottare queste strategie non solo aiuta a mantenere la motivazione e la disciplina nel lungo termine, ma garantisce anche che il gioco del Lotto rimanga un'attività gestibile e piacevole. Con un approccio strutturato e realistico, è possibile massimizzare le probabilità di successo e minimizzare i rischi associati al gioco.

10.4 Celebrare i piccoli successi e imparare dagli errori

Mantenere la motivazione e la disciplina nel gioco del Lotto richiede non solo un atteggiamento positivo ma anche la capacità di riconoscere e celebrare i piccoli successi, oltre a imparare dagli errori commessi lungo il percorso. In questo paragrafo, esploreremo come queste pratiche possono contribuire a un'esperienza di gioco più gratificante e sostenibile.

1. Importanza di riconoscere i piccoli successi:

Ogni piccolo successo, come una vincita anche modesta o il miglioramento di una strategia, merita di essere riconosciuto e celebrato. Questo non solo alimenta la motivazione ma aiuta anche a costruire una mentalità positiva. Ad esempio, Maria, una giocatrice esperta, celebra ogni volta che riesce a coprire il costo delle sue giocate con una piccola vincita. Questo le dà la spinta necessaria per continuare ad affinare le sue tecniche.

2. Metodi di celebrazione:

Celebrando i piccoli successi, è importante scegliere metodi che siano gratificanti ma non eccessivi. Una cena speciale, un piccolo regalo o anche solo una serata di relax possono essere modi efficaci per premiarsi. Gianni, ad esempio, ogni volta che vince una somma superiore alla media, si concede una giornata di svago con la famiglia, creando ricordi positivi legati alle sue esperienze di gioco.

3. Imparare dagli errori:

Gli errori fanno parte del processo di apprendimento. Ogni errore offre un'opportunità per riflettere e migliorare. È essenziale analizzare le giocate non vincenti per comprendere cosa non ha funzionato e come evitare di ripetere gli stessi errori. Carla, una giocatrice metodica, rivede tutte le sue giocate perdenti per identificare eventuali pattern o decisioni sbagliate. Questo le permette di aggiustare le sue strategie e migliorare le sue probabilità di successo.

4. Mantenere un registro dettagliato:

Tenere traccia dei successi e degli errori in un registro dettagliato aiuta a visualizzare i progressi e a capire meglio i propri punti di forza e debolezza. Un diario di gioco può includere note sulle giocate, le ragioni dietro le scelte dei numeri, i risultati e le lezioni apprese. Pietro utilizza un foglio di calcolo per monitorare tutte le sue giocate, annotando i numeri scelti, le strategie applicate e i risultati ottenuti. Questo gli permette di avere una visione chiara del suo andamento e di fare aggiustamenti informati.

Esempio pratico:

Consideriamo l'esperienza di Lorenzo, un giocatore che ha sviluppato un sistema personale per riconoscere e celebrare i suoi successi, nonché per imparare dagli errori. Ogni volta che ottiene una vincita, anche minima, Lorenzo festeggia con una piccola ricompensa, come un libro o una serata al cinema. Parallelamente, mantiene un diario dettagliato delle sue giocate, analizzando le sconfitte per identificare aree di miglioramento. Ad esempio, dopo aver notato una serie di errori nella selezione dei numeri basati su intuizioni non supportate dai dati, Lorenzo ha deciso di concentrarsi maggiormente sull'analisi statistica, portando a una significativa riduzione degli errori.

Benefici a lungo termine:

Celebrare i piccoli successi e imparare dagli errori non solo aiuta a mantenere la motivazione ma favorisce anche una crescita costante e sostenibile nel gioco del Lotto. Questa mentalità proattiva e positiva consente ai giocatori di affrontare il gioco con un approccio più equilibrato e strategico, aumentando le probabilità di successo nel lungo termine.

Implementando queste pratiche, i giocatori possono trasformare ogni esperienza di gioco, sia positiva che negativa, in un'opportunità di apprendimento e miglioramento continuo.

10.5 Continua ricerca di miglioramento e innovazione nelle strategie di gioco

Per ottenere successi costanti nel gioco del Lotto, è fondamentale impegnarsi in una continua ricerca di miglioramento e innovazione nelle strategie di gioco. Questo approccio proattivo non solo permette di mantenere un vantaggio competitivo, ma anche di adattarsi alle mutevoli dinamiche del gioco e alle nuove informazioni disponibili.

Importanza dell'aggiornamento continuo

Nel contesto del Lotto, le strategie vincenti non sono statiche. È essenziale rimanere aggiornati sulle ultime tendenze, ricerche e tecniche innovative. Per esempio, Luigi, un giocatore esperto, dedica ogni settimana del tempo alla lettura di articoli e ricerche recenti sulle probabilità e le statistiche del gioco del Lotto. Questo gli permette di integrare nuove informazioni e affinare le sue strategie esistenti.

Sperimentazione di nuove tecniche

La sperimentazione è al cuore dell'innovazione. Non bisogna aver paura di testare nuove idee e approcci, anche se inizialmente potrebbero sembrare controintuitive. Martina, per esempio, ha recentemente iniziato a sperimentare con algoritmi di machine learning per prevedere i numeri del Lotto, integrando i risultati delle sue analisi statistiche tradizionali con le nuove tecnologie. La sua perseveranza nel testare e adattare questi nuovi approcci le ha permesso di ottenere risultati sorprendenti.

Utilizzo di strumenti avanzati

L'uso di software e strumenti avanzati può significativamente migliorare le possibilità di successo. Esistono programmi che analizzano grandi quantità di dati, identificano pattern e suggeriscono le migliori combinazioni di numeri da giocare. Andrea utilizza un software di analisi dei dati che lo aiuta a individuare le tendenze nascoste nei risultati delle estrazioni passate, permettendogli di fare scelte di gioco più informate e strategiche. Questo tipo di strumento può anche simulare migliaia di estrazioni per verificare la validità delle strategie sviluppate.

Collaborazione con altri giocatori

Collaborare e scambiare idee con altri giocatori può portare a nuove intuizioni e strategie vincenti. Partecipare a forum di discussione, gruppi di studio e comunità online può arricchire la propria conoscenza e offrire diverse prospettive. Giovanni, ad esempio, partecipa regolarmente a un gruppo di studio sul Lotto, dove i membri condividono le loro scoperte e discutono nuove metodologie. Questa collaborazione gli ha permesso di migliorare continuamente le sue strategie di gioco.

Adattamento costante e feedback

Infine, è cruciale monitorare costantemente le prestazioni delle proprie strategie e adattarle in base ai risultati ottenuti. L'approccio di Carlo consiste nel tenere un diario dettagliato delle sue giocate, annotando le combinazioni scelte, i risultati ottenuti e le modifiche apportate alle sue strategie. Questo processo di feedback continuo gli permette di identificare rapidamente ciò che funziona e ciò che deve essere modificato, garantendo un miglioramento costante e sostenibile nel tempo.

In conclusione, la chiave per aumentare le probabilità di vincita nel Lotto risiede in una continua ricerca di miglioramento e innovazione. Sperimentare nuove tecniche, utilizzare strumenti avanzati, collaborare con altri giocatori e adattare costantemente le strategie sono pratiche fondamentali per mantenere un approccio vincente e consapevole.

10.6 Condivisione delle esperienze e delle conoscenze con altri giocatori

Uno degli aspetti più importanti per migliorare le proprie strategie di gioco e aumentare le probabilità di vincita è la condivisione delle esperienze e delle conoscenze con altri giocatori. Il confronto e lo scambio di idee possono offrire nuove prospettive, rivelare errori nascosti e introdurre tecniche innovative che altrimenti potrebbero sfuggire.

Vantaggi della condivisione

Condividere le proprie esperienze con altri giocatori non solo rafforza le proprie competenze, ma contribuisce anche a creare una comunità di supporto e crescita reciproca. Ad esempio, Marco, un giocatore veterano, ha fondato un gruppo di discussione online dove i membri possono condividere le loro esperienze, successi e fallimenti. Questo ambiente collaborativo ha permesso a molti membri del gruppo di migliorare le proprie strategie e ottenere risultati più soddisfacenti.

Partecipazione a forum e gruppi di discussione

Esistono numerosi forum e gruppi di discussione dedicati al Lotto, dove i giocatori possono scambiarsi consigli e suggerimenti. Partecipare attivamente a queste piattaforme può essere estremamente benefico. Giulia, ad esempio, frequenta regolarmente un forum dedicato al Lotto, dove ha imparato nuove tecniche di analisi dei dati e ha ottenuto feedback preziosi sulle sue strategie di gioco. Questo scambio di informazioni le ha permesso di affinare le sue tecniche e di ottenere vincite più frequenti.

Contributo e ricezione di feedback

Offrire il proprio contributo e ricevere feedback costruttivi è essenziale per la crescita personale e collettiva. Quando si condivide una strategia o un'analisi, è possibile ottenere punti di vista alternativi che possono migliorare o correggere l'approccio adottato. Luca, un appassionato di statistiche, condivide regolarmente i suoi studi sulle frequenze dei numeri e sulle combinazioni vincenti. In cambio, riceve suggerimenti e critiche costruttive che lo aiutano a perfezionare le sue metodologie.

Organizzazione di incontri e workshop

Organizzare incontri e workshop tematici permette di approfondire argomenti specifici e di confrontarsi direttamente con altri appassionati. Francesca ha organizzato diversi workshop locali dove i partecipanti hanno potuto apprendere nuove tecniche di analisi e discutere delle loro strategie. Questi eventi hanno non solo rafforzato le competenze dei partecipanti, ma hanno anche creato una rete di contatti utile per il supporto continuo.

Creazione di contenuti educativi

Produrre e condividere contenuti educativi, come guide, tutorial e video, può essere un modo efficace per aiutare altri giocatori e, al contempo, consolidare le proprie conoscenze. Davide ha creato un canale YouTube dove pubblica regolarmente video didattici su come analizzare le estrazioni e sviluppare strategie vincenti. Questo impegno non solo ha beneficiato gli spettatori, ma ha anche permesso a Davide di approfondire ulteriormente le sue competenze attraverso la preparazione dei contenuti.

In conclusione, la condivisione delle esperienze e delle conoscenze con altri giocatori è una componente fondamentale per migliorare le proprie abilità nel gioco del Lotto. Partecipare a forum, contribuire con feedback, organizzare incontri e creare contenuti educativi sono tutte pratiche che non solo arricchiscono il proprio bagaglio di conoscenze, ma favoriscono anche la crescita collettiva e il successo comune.

10.7 Adattamento alle evoluzioni del gioco e delle tecnologie

Nel mondo in continua evoluzione del Lotto, mantenersi aggiornati sulle nuove tendenze e tecnologie è essenziale per migliorare le proprie strategie e aumentare le probabilità di vincita. Le innovazioni tecnologiche, infatti, offrono strumenti sempre più sofisticati per l'analisi dei dati e la previsione dei numeri vincenti.

Evoluzione delle tecnologie di analisi

Negli ultimi anni, l'introduzione di software avanzati e algoritmi di intelligenza artificiale ha rivoluzionato il modo in cui i giocatori analizzano i dati delle estrazioni. Utilizzare questi strumenti può offrire un vantaggio significativo. Ad esempio, Matteo utilizza un programma di intelligenza artificiale che analizza milioni di combinazioni in pochi secondi, identificando pattern ricorrenti e suggerendo le combinazioni con maggiori probabilità di successo. Questo tipo di tecnologia permette di ottimizzare le strategie di gioco basate su dati concreti e analisi dettagliate.

Applicazioni mobili e piattaforme online

Le applicazioni mobili e le piattaforme online dedicate al Lotto offrono accesso immediato a informazioni aggiornate, statistiche dettagliate e analisi personalizzate. Scaricare e utilizzare queste app consente di rimanere sempre aggiornati sulle ultime estrazioni e di sfruttare strumenti di analisi direttamente dal proprio smartphone. Marta, ad esempio, utilizza un'applicazione che le invia notifiche sulle ultime estrazioni e suggerimenti basati sulle sue preferenze di gioco. Questo le permette di reagire rapidamente alle nuove informazioni e di adattare le sue strategie in tempo reale.

Innovazioni nei metodi di pagamento e sicurezza

Le tecnologie hanno anche migliorato i metodi di pagamento e la sicurezza delle transazioni online. Utilizzare piattaforme di gioco autorizzate e sicure è fondamentale per proteggere le proprie informazioni personali e finanziarie. Giovanni ha recentemente iniziato a utilizzare un portafoglio elettronico per le sue scommesse online, che offre un ulteriore livello di sicurezza rispetto ai metodi tradizionali. Questo gli ha permesso di gestire meglio il suo budget di gioco e di effettuare transazioni in modo sicuro e rapido.

Social media e comunità online

I social media e le comunità online rappresentano un'opportunità unica per condividere conoscenze, esperienze e strategie di gioco. Partecipare a gruppi di discussione sui social media può fornire accesso a una vasta gamma di informazioni e suggerimenti da parte di altri appassionati del Lotto. Ad esempio, Claudia è membro di diversi gruppi Facebook dedicati al Lotto, dove condivide le sue strategie e apprende nuove tecniche dagli altri membri. Questo scambio continuo di informazioni le permette di affinare costantemente le sue metodologie di gioco.

Adattamento alle modifiche regolamentari

Il mondo del Lotto è soggetto a cambiamenti regolamentari che possono influenzare le modalità di gioco e le probabilità di vincita. Mantenersi informati su queste modifiche è cruciale per adattare le proprie strategie di conseguenza. Francesco segue regolarmente le notizie e gli aggiornamenti legislativi riguardanti il Lotto, in modo da essere sempre al corrente di eventuali cambiamenti nelle regole del gioco. Questo gli consente di adattare tempestivamente le sue strategie e di sfruttare al meglio le nuove opportunità.

Formazione continua e aggiornamento

Infine, è fondamentale investire nella formazione continua per rimanere competitivi. Partecipare a corsi, seminari e workshop dedicati al Lotto e alle tecnologie di analisi può offrire nuovi strumenti e conoscenze per migliorare le proprie strategie. Laura partecipa regolarmente a seminari online su tecniche avanzate di analisi dei dati, che le forniscono competenze sempre aggiornate per ottimizzare le sue scommesse.

In conclusione, adattarsi alle evoluzioni del gioco e delle tecnologie è essenziale per migliorare le probabilità di successo nel Lotto. Sfruttare le innovazioni tecnologiche, mantenersi informati sui cambiamenti regolamentari e investire nella formazione continua sono strategie vincenti per affrontare il gioco con un approccio moderno e consapevole.

10.8 Valutazione costante dei risultati e delle prestazioni nel tempo

Uno degli elementi cruciali per aumentare le probabilità di vincita al gioco del Lotto è la valutazione costante dei risultati e delle prestazioni delle proprie strategie nel tempo. Questo processo non solo permette di identificare eventuali punti di forza e debolezza delle metodologie adottate, ma consente anche di apportare le necessarie modifiche per migliorare l'efficacia delle proprie tecniche di gioco.

Monitoraggio dei risultati

Per iniziare, è fondamentale tenere un registro dettagliato delle giocate effettuate, inclusi i numeri scelti, le combinazioni utilizzate, e i risultati di ogni estrazione. Utilizzare un foglio di calcolo o un software di gestione dei dati può semplificare notevolmente questo compito. Ad esempio, Luca ha creato un database personalizzato dove inserisce tutte le sue giocate e i risultati ottenuti. Questo gli permette di analizzare facilmente i dati e di individuare eventuali pattern o tendenze ricorrenti.

Analisi delle prestazioni

Una volta raccolti i dati, è importante eseguire un'analisi approfondita delle prestazioni delle proprie strategie. Ciò include l'identificazione delle combinazioni più frequentemente vincenti, la valutazione della frequenza con cui certi numeri appaiono nelle estrazioni, e l'analisi delle perdite e dei guadagni nel tempo. Anna, ad esempio, utilizza strumenti di visualizzazione dei dati come grafici e tabelle pivot per esaminare le sue giocate. Questo le consente di ottenere una visione chiara delle prestazioni delle sue strategie e di capire quali approcci funzionano meglio.

Feedback e miglioramenti

Basandosi sui risultati dell'analisi, è possibile apportare miglioramenti alle proprie strategie. Questo potrebbe comportare l'aggiustamento delle combinazioni di numeri scelti, l'introduzione di nuove tecniche di gioco, o l'abbandono di approcci che non si sono rivelati efficaci. Marco, dopo aver notato una diminuzione dei suoi guadagni, ha deciso di integrare una nuova strategia basata sull'analisi dei numeri ritardatari. Questo cambiamento ha portato a un miglioramento significativo delle sue prestazioni.

Revisione periodica

La valutazione delle prestazioni dovrebbe essere un processo continuo e regolare. È consigliabile eseguire revisioni mensili o trimestrali delle proprie strategie per assicurarsi che continuino a essere efficaci nel tempo. Laura, per esempio, dedica una giornata al mese alla revisione delle sue giocate, analizzando i dati raccolti e confrontandoli con i risultati ottenuti. Questo le permette di mantenere le sue strategie sempre aggiornate e ottimizzate.

Esempio pratico

Supponiamo che Giovanni abbia deciso di adottare una strategia basata sull'analisi dei numeri più frequenti nelle ultime 100 estrazioni. Dopo tre mesi di gioco, nota che i risultati non sono soddisfacenti. Decide quindi di rivedere i dati e scopre che alcuni numeri, sebbene frequenti nel passato, hanno smesso di apparire con la stessa frequenza. Giovanni modifica quindi la sua strategia, concentrandosi su un periodo di analisi più breve, di 50 estrazioni. Questa modifica gli consente di ottenere risultati migliori nelle giocate successive.

Utilizzo di software avanzati

L'impiego di software avanzati per l'analisi dei dati può semplificare notevolmente il processo di valutazione. Esistono diversi programmi specificamente progettati per aiutare i giocatori del Lotto a monitorare e analizzare le loro prestazioni. Questi strumenti offrono funzionalità avanzate come l'analisi predittiva, la visualizzazione interattiva dei dati e l'identificazione automatica dei pattern. Maria, ad esempio, utilizza un software che le permette di eseguire analisi complesse in pochi minuti, risparmiando tempo e migliorando l'accuratezza delle sue valutazioni.

In conclusione, la valutazione costante dei risultati e delle prestazioni è un elemento essenziale per il successo nel gioco del Lotto. Attraverso il monitoraggio accurato, l'analisi dettagliata, e l'implementazione di miglioramenti basati sui dati raccolti, è possibile ottimizzare le proprie strategie e aumentare le probabilità di vincita. La chiave è mantenere un approccio sistematico e disciplinato, adattandosi continuamente ai cambiamenti e alle nuove informazioni disponibili.

10.9 Approccio proattivo nel risolvere problemi e affrontare sfide

Nel contesto del gioco del Lotto, adottare un approccio proattivo nel risolvere problemi e affrontare sfide può fare la differenza tra il successo e il fallimento. Essere proattivi significa anticipare le difficoltà, prepararsi a gestirle e sviluppare strategie efficaci per superarle. Questo approccio non solo aumenta le probabilità di vincita, ma anche la soddisfazione e la resilienza del giocatore.

Anticipare i problemi

Uno dei primi passi per essere proattivi è anticipare i possibili problemi che possono sorgere. Questo richiede una buona conoscenza delle dinamiche del gioco e delle proprie strategie. Ad esempio, se una determinata combinazione di numeri non ha dato risultati positivi per un periodo prolungato, è importante riconoscerlo in tempo e valutare se è necessario apportare modifiche. Antonio, un giocatore esperto, tiene sempre sotto controllo le performance delle sue giocate e pianifica eventuali cambiamenti con largo anticipo per evitare perdite significative.

Prepararsi con piani alternativi

Un giocatore proattivo ha sempre un piano B. Quando una strategia non funziona come previsto, è fondamentale avere già pronte alternative che possano essere implementate immediatamente. Ad esempio, Maria utilizza due diverse metodologie per scegliere i numeri: una basata sui numeri frequenti e un'altra sui numeri ritardatari. Se una delle due non funziona, passa rapidamente all'altra senza perdere tempo. Questo le permette di rimanere sempre in gioco e di massimizzare le sue probabilità di successo.

Adattamento rapido ai cambiamenti

Il gioco del Lotto può essere imprevedibile, e i cambiamenti possono avvenire rapidamente. Essere in grado di adattarsi a questi cambiamenti è una qualità essenziale per un giocatore di successo. Giovanni, ad esempio, monitora costantemente le tendenze del Lotto e modifica le sue strategie in base ai dati più recenti. Questo atteggiamento flessibile gli permette di sfruttare le nuove opportunità che si presentano e di evitare di rimanere bloccato in schemi inefficaci.

Sviluppare soluzioni innovative

La proattività include anche l'abilità di sviluppare soluzioni innovative ai problemi. Questo può significare l'adozione di nuove tecnologie, come software di analisi avanzata, o l'introduzione di metodi di gioco creativi. Luca, ad esempio, ha iniziato a utilizzare un algoritmo di machine learning per analizzare le estrazioni passate e prevedere le future. Questo approccio innovativo gli ha dato un vantaggio competitivo rispetto ad altri giocatori che si affidano a metodi tradizionali.

Esempi pratici di proattività

Supponiamo che Laura noti una diminuzione nei suoi guadagni dovuta alla scarsa performance di una strategia basata sui numeri ritardatari. Invece di continuare a investire in una metodologia inefficace, Laura decide di fare una pausa e analizzare i dati più recenti. Scopre che un gruppo di numeri frequenti sta iniziando a mostrare un pattern positivo. Laura adatta immediatamente la sua strategia per includere questi numeri, riprendendo il controllo delle sue giocate e migliorando i risultati.

Affrontare le sfide con resilienza

Le sfide sono inevitabili nel gioco del Lotto, ma affrontarle con resilienza è ciò che distingue un giocatore esperto da un principiante. La resilienza si costruisce attraverso l'esperienza e la capacità di imparare dai propri errori. Marco, ad esempio, ha attraversato periodi di perdite significative, ma invece di abbattersi, ha analizzato le sue giocate, identificato gli errori e lavorato per migliorare. Questa attitudine gli ha permesso di sviluppare strategie più robuste e di affrontare le sfide future con maggiore sicurezza.

Utilizzo di feedback e revisione continua

Infine, un giocatore proattivo utilizza il feedback per migliorare costantemente. Questo significa rivedere regolarmente le proprie performance, raccogliere feedback da altri giocatori e professionisti, e implementare i suggerimenti ricevuti. Anna partecipa attivamente a forum e gruppi di discussione sul Lotto, dove condivide le sue esperienze e riceve consigli preziosi. Questo scambio di informazioni le consente di mantenere le sue strategie aggiornate e di adattarsi rapidamente a nuove sfide.

In conclusione, adottare un approccio proattivo nel risolvere problemi e affrontare sfide è essenziale per migliorare le proprie probabilità di vincita al gioco del Lotto. Anticipare i problemi, prepararsi con piani alternativi, adattarsi ai cambiamenti, sviluppare soluzioni innovative, affrontare le sfide con resilienza e utilizzare il feedback per migliorare sono tutti aspetti fondamentali di una strategia di gioco di successo.

10.10 Sviluppo di una mentalità resiliente e orientata al successo nel perseguire la vittoria al Lotto nel lungo termine

Nel gioco del Lotto, il successo nel lungo termine richiede non solo abilità matematiche e strategiche, ma anche una mentalità resiliente e orientata al successo. Questo tipo di mentalità è fondamentale per affrontare le sfide e i fallimenti che inevitabilmente si presenteranno lungo il cammino del giocatore. Qui esploreremo come sviluppare e mantenere una mentalità che possa guidare al successo nel perseguire la vittoria al Lotto nel lungo periodo.

Accettare la natura del gioco

La prima parte di sviluppare una mentalità resiliente è accettare la natura del gioco del Lotto. Questo significa comprendere che il Lotto è un gioco basato sul caso e sulla fortuna, e che non esiste una strategia o un sistema che garantisca una vincita sicura. Tuttavia, ciò non significa che il gioco sia completamente casuale; piuttosto, ci sono modi per aumentare le probabilità di successo attraverso l'analisi e l'applicazione di strategie intelligenti.

Adattarsi ai fallimenti

Un elemento chiave della mentalità resiliente è la capacità di adattarsi ai fallimenti. Nel gioco del Lotto, ci saranno inevitabilmente momenti in cui le previsioni non si avverano e i numeri giocati non risultano vincenti. Tuttavia, anziché lasciarsi scoraggiare da questi risultati negativi, è importante vedere ogni fallimento come un'opportunità di apprendimento. Maria, ad esempio, ha perso diverse volte prima di riuscire a ottenere una vincita significativa. Tuttavia, anziché arrendersi, ha utilizzato ogni fallimento come un'occasione per raffinare le sue strategie e migliorare le sue abilità nel gioco.

Mantenere la motivazione e la determinazione

Una mentalità resiliente richiede anche una forte motivazione e determinazione nel perseguire gli obiettivi nel lungo termine. Ci saranno momenti di scoraggiamento e frustrazione lungo il percorso, ma è importante mantenere il focus sull'obiettivo finale e perseverare nonostante le sfide. Paolo, ad esempio, ha giocato al Lotto per anni senza mai arrendersi, nonostante le numerose sconfitte. La sua determinazione è stata finalmente premiata quando ha ottenuto una grande vincita, dimostrando che la perseveranza può portare al successo nel lungo termine.

Imparare dalle esperienze passate

Infine, una mentalità resiliente implica imparare dalle esperienze passate e utilizzare questo apprendimento per migliorare nel futuro. Ciò significa analizzare i successi e i fallimenti precedenti, identificare cosa ha funzionato e cosa non ha funzionato, e adattare le strategie di conseguenza. Giulia, ad esempio, ha studiato attentamente le sue giocate passate, prendendo nota dei numeri vincenti e delle strategie che ha utilizzato. Ha quindi apportato modifiche alle sue tattiche in base a ciò che ha imparato, migliorando costantemente le sue probabilità di successo nel gioco del Lotto.

Vuoi un nostro libro a soli 0,99€? Ecco come fare!

Ciao!
Se ti è piaciuto questo libro, puoi ricevere il prossimo titolo **a soli 0,99€**, scegliendo tra:

📖 eBook
🖨 PDF di un libro cartaceo

Segui questi semplici passaggi:

📍 **1.** Condividi la tua esperienza sul sito dove hai effettuato l'acquisto.

📍 **2.** Invia uno screenshot **del tuo feedback** dove si legge anche la dicitura "Acquisto verificato" a:
info.testicreativi@gmail.com

📍 **3.** Riceverai un codice sconto personale da utilizzare sul nostro store online, valido per ottenere il prossimo libro **a soli 0,99€**.

📑 La tua opinione conta davvero: ogni recensione ci aiuta a crescere e permette a nuovi lettori di scoprire i nostri libri.

Grazie di cuore per il tuo tempo e buona lettura!